Manuela Sanne
Für die Katz

W0209501

Die Autorin, geboren in Paderborn und aufgewachsen in Höxter an der Weser, lebt mit Kind, Kegel und zwei Katern in Wuppertal. Als Buchhändlerin und Schriftstellerin hat sie ihre liebsten Hobbys zum Beruf gemacht: Lesen und Schreiben.

Manuela Sanne

Für die Katz

Kriminalroman

PIPER

Mehr über unsere Autoren und Bücher:
www.piper.de

Wenn Ihnen dieser Krimi gefallen hat, schreiben Sie uns unter Nennung des Titels »Für die Katz« an empfehlungen@piper.de, und wir empfehlen Ihnen gerne vergleichbare Bücher.

ISBN 978-3-492-50448-5
© Piper Verlag GmbH, München 2021
Redaktion: Christiane Geldmacher
Satz auf Grundlage eines CSS-Layouts
von digital publishing competence (München)
mit abavo vlow (Buchloe)
Covergestaltung: Alexa Kim »A&K Buchcover«
Covermotiv: depositphotos.com (FotoJagodka; robertsrob; lifeonwhite) und shutterstock.com (by-studio)
Printed in Germany

1
Kofferpacken

Rosa Fink betrachtete sich von allen Seiten in den drei verspiegelten Türen ihres Kleiderschranks. Die Jeans schmiegte sich wie eine zweite Haut an Oberschenkel und Po, jede Rundung betonend. Höchst unvorteilhaft betonend. Sie bekam weder Reißverschluss noch Knopf zu. Bauch einziehen und Luftanhalten brachten nichts. Trotz des Stretchmaterials klaffte ein Spalt von mindestens einem Zentimeter. Seufzend schälte Rosa sich aus der Pelle. Sie tauschte die einstige Lieblingsjeans, die noch vor vier Jahren geschmeidig ihre Hüften umspielt hatte, gegen ihre atmungsaktive Freizeithose in abscheulichem Rentnerinnen-Beige. Es wurde Zeit, der Wahrheit ins pausbäckige Gesicht zu sehen. Das alte Beinkleid würde sie nicht in den Koffer packen, sondern im Altkleidercontainer entsorgen. Es war passé, ein für alle Mal.

Offenbar versuchte ihre Konfektionsgröße sich den vollendeten Lebensjahren anzunähern. Oder war es vielleicht umgekehrt? Mit 36 hatte sie noch in 36 gepasst, jetzt steuerte sie stramm auf die 46 zu, sowohl konfektionsgrößen- als auch altersmäßig. In dem Takt würde es nicht ewig weitergehen, irgendwo hatte auch XXL-Size mal ein Ende. Aber wo? Da Rosa den Dingen gern spontan auf den Grund ging, ergriff sie ihr Handy, das sie neben dem geöffneten Koffer auf dem Bett abgelegt hatte, und tippte in die Google-Suchleiste *größte Hosengröße Damen* ein. Ihre Recherche ergab, dass nach 62 nichts mehr kam. Das traf wahrscheinlich auch im übertragenen Sinne zu. Es wurde höchste Zeit, entschlossen gegenzusteuern.

Genau das gedachte sie in den nächsten zwei Wochen zu tun, und zwar am Jadebusen. Im Nordseebad Dangast würde sich reichlich Gelegenheit zu ausgedehnten Wattwanderungen ergeben, nach denen sich dann jedoch leider die Einkehr ins Kurhaus zwecks Verköstigung des legendären Rhabarber-Baisers verbot. Die warm aus dem Ofen servierte Spezialität des Hauses galt als meistverspeister Kuchen Frieslands. Man konnte ihn sich auch zum Mitnehmen einpacken lassen, um ihn zum Beispiel allein in der Nähe am Strand zu genießen, im Schatten eines knapp vier Meter hohen steinernen Kunstwerks. Es besaß die Form eines Penis und wurde vom Meer im auf- und abebbenden Rhythmus der Gezeiten sanft umspült. Der Schöpfer hieß Eckart Grenzer, seine Skulptur hatte er Grenzstein genannt. Wie enttäuschend einfallslos, da hätte es doch weitaus kreativere Namen gegeben. Beim Gedanken an den stattlichen Granit-Phallus kam ihr Sebi in den Sinn. Sie schickte ihm eine Nachricht über WhatsApp.

Koffer ist gleich fertig gepackt, es kann also pünktlich losgehen. Wir sehen uns morgen im Kurhaus? Ich bin übrigens im Urlaub auf Diät. Versuch nicht, das zu sabotieren.

Ohne auf eine Antwort zu warten, beschäftigte sie sich weiter mit Packen. Seit neun Jahren machte sie nun schon in Dangast Urlaub, immer nach den Osterferien. Neben unzähligen Stücken Rhabarber-Baiser hatte auch das friesische Feingebäck aus der Patisserie ihrer Zimmerwirtin Wiebke Janssen in diesen neun Jahren den Weg in ihren Magen gefunden, um sich anschließend klammheimlich Schicht für Schicht auf Hüften und angrenzenden Regionen niederzulassen. Bald würden ihre Kurven die ausladenden Dimensionen des Bergischen Landes erreicht haben. Darum war es dringend erforderlich, sich diesmal am Wattenmeer in Verzicht zu üben, auch wenn Sebi an ihrer Üppigkeit nicht das Geringste auszusetzen hatte, wie er immer wieder gern betonte. Doch Sebi war nun mal anspruchslos. Wenn sie es recht bedachte, beschrieben ihn Wörter mit der Endung -los generell am besten. Und zwar quer durchs Alphabet: *Bedenkenlos, charakterlos, ehrlos, formlos, gefühllos, herzlos, kampflos, lustlos, maßlos, nutzlos, pietätlos, rücksichtslos, schamlos, taktlos, verantwortungslos, willenlos, zügellos* – alle diese -los-Wörter trafen ins Schwarze und hatten dazu geführt, dass Sebastian Fink seit nunmehr bald einem Jahrzehnt ihr Ex-Gatte war.

Unfreiwillig, wie er ebenfalls nicht müde wurde zu betonen. Er hatte mal vor elf Jahren freiwillig auf einer Weihnachtsfeier im Polizeipräsidium zu tief in die Punschtasse geschaut. Von dort war sein Blick ebenso freiwillig zu der neuen, jungen, sehr reizvollen Kollegin Astrid weitergewandert, um mit ihr in derselben Nacht nur allzu freiwillig einen Akt zu verrichten. Nachträglich sollte sich herausstellen, dass es sich um einen Zeugungsakt gehandelt hatte. Sebis Tochter Frieda wurde in diesem August genauso alt wie das rechtskräftige Scheidungsurteil, nämlich zehn Jahre. Von heftiger Reue geplagt hatte Sebi bereits am nächsten Tag alles gebeichtet, war damals aber noch *ahnungslos* – ein weiteres bezeichnendes los-Wort! –, welche Folgen sein Fehltritt langfristig haben würde. Rosa war nicht die Frau, die etwas Derartiges verzeihen konnte oder wollte. Wenn ihr eines wichtig war in der Ehe, dann Treue.

Vier Monate später hatte Astrid ihrem One-Night-Stand eröffnet, dass seine Spermien bei ihr auf eine befruchtungsfähige Eizelle gestoßen waren. Zu diesem Zeitpunkt lebten er und Rosa bereits getrennt. Rosa erfuhr die Neuigkeit bei einer Flasche Bordeaux, die sie gemeinsam mit Sebi leerte. Er hatte sich also noch nicht mal ein Kondom übergestülpt! Hochgradig sorg- und verantwortungslos. Sie war schockiert. Erst etliche Wochen später konnte sie dem Ganzen auch etwas Positives abgewinnen. Denn es vollzog sich eine wundersame Verwandlung ihres Gatten. In den letzten Jahren war er chronisch überarbeitet gewesen und hatte eheliche wie häusliche Pflichten vernachlässigt. Angestachelt durch Trennung und Scheidung umwarb er sie nun als bußfertiger Romeo. Er wollte sie zurück!

Selbstverständlich sorgte er für Frieda und ihre Mutter. Für Letztere jedoch lediglich in finanzieller Hinsicht und nur für kurze Zeit. Denn Astrid lernte schon bald Anton kennen und lieben, die Vermählung folgte wenig später und Frieda trug seither wie ihre Mutter und die jüngeren Halbschwestern Antons Nachnamen Pallaske. Sie war ein aufgewecktes Mädchen, das nach den Ferien zum Gymnasium wechseln würde und zu Sebi genauso Papa sagte wie zu ihrem Ziehvater. Und das mit Stolz, denn zwei Papas hatte keine ihrer Freundinnen vorzuweisen. Zu Rosa sagte sie Rosa, und das war Rosa auch ganz recht. Sie hatte längst ihren Frieden mit der Existenz von Frieda gemacht und zusätzlich zum Töchterchen ihres Ex-Mannes auch die achtjährige Lotte und Baby Leonie ins Herz geschlossen.

Rosa musste zugeben, dass durch Sebis Fehltritt ein großes Eheproblem unkonventionell gelöst worden war. Denn obwohl sie Kinder ganz reizend fand, hatte sie zu Sebis Bedauern nie welche haben wollen. Mit etwas Abstand konnte sie das muntere Treiben von Kindern durchaus genießen, ohne jedoch den Wunsch auf biologische Mutterschaft zu verspüren. Nun bereicherten Frieda, Lotte und neuerdings auch Leonie in angenehm homöopathischen Dosen ihr Leben.

Eigentlich schade, dass die Scheidung erforderlich gewesen war – aber Rosa war eine Frau mit Prinzipien und eisernem Willen, solange es nicht ums Essen, um Sport oder um Gartenarbeit ging.

Ihr Koffer füllte sich zusehends mit Wohlfühl-Textilien: Hüfte und Knie umschmeichelnde Röcke, oberarmbedeckende Blusen und T-Shirts, mehrere Badeanzüge in dezentem Schwarz und mit streckenden Streifen, bequeme Büstenhalter und Baumwollschlüpfer und Dutzende Schals und Tücher, die sich kaschierend über ihre Problemzonen drapieren ließen. Zuoberst legte sie ihre neu erworbenen Dessous: ein Set in sündigem Rot, das andere in neckischem Rosé. Sebi würde Augen machen! Und mehr als das. Die Tinte auf den Scheidungspapieren war kaum getrocknet, da hatte sie zum ersten Mal nach einem Jahr wieder das Bett mit ihrem frisch Geschiedenen geteilt und sich über die Maßen gewundert, mit welch unbändiger Leidenschaft er sie beglückte. Eine Leidenschaft, die im Laufe der zuvor miteinander verbrachten neun Ehejahre auf immer kleinerer Flamme geköchelt und seinerseits dicht vor dem endgültigen Erlöschen gestanden hatte. Wobei gestanden hier vielleicht nicht der passende Ausdruck war, wie Rosa ihren Gedankengang selbstkritisch beurteilte. Als Buchhändlerin, Aushilfs-Bibliothekarin in der Schulbibliothek des Gymnasiums, das Sebis Tochter Frieda bald besuchen würde, und Hobby-Linguistin nahm Rosa es mit der Wortwahl stets sehr genau. Seither stand Sebi jedenfalls seinen Mann in vollem Umfang – und er war zudem ein Kerl von einem Mann. Sie fand, dass er dem italienischen Sänger Adriano Celentano in seinen mittleren Jahren ähnelte. Allerdings überragte der fast zwei Meter große Sebi Celentano um einen Kopf und hatte auch immer noch volles Haar.

Morgen früh würde sie das *Fröschlein* beladen, ihren hellgrünen Twingo, und in tiefenentspannter Fahrweise rund dreieinhalb Stunden später das Feriendomizil im Herzen von Dangast erreichen. Als Ehepaar waren sie und Sebi immer an die norditalienische Adria gefahren, um sonnige Urlaube mit dolce far niente im Badeort Bibione zu verbringen. Aber seit der Trennung begnügten sie sich mit der überschaubaren Tour nach Dangast. Vom Wuppertaler Stadtteil Cronenberg aus waren es nur etwas über dreihundert Kilometer. Das schaffte selbst Rosa, die das Autofahren hasste – ganz besonders, wenn sie hinter dem Lenkrad saß. Dennoch bestand sie auf einer separaten Anreise – und auf getrennte Zimmer im selben Reetdachhaus. In diesem Jahr würde es wohl zum letzten Mal nach diesem Ritual ablaufen, denn sie hatte beschlossen, Sebis Heiratsantrag, den er ihr in schöner Regelmäßigkeit während ihrer gemeinsamen Urlaube am Jadebusen machte, in diesem Jahr anzunehmen. Anfangs hatte sie aus Prinzip abgelehnt. Nach Sebis Erbschaft hatte sie abgelehnt, damit er ihr nicht einen Sinneswandel des Geldes wegen unterstellen konnte. Inzwischen hatte sie erkannt, dass sie und Sebi niemals voneinander würden lassen können. Es wäre also in Anbetracht der besten Jahre, auf die sie beide zusteuerten, nur logisch, diese offiziell gemeinsam zu verbringen. Genug der Buße für ihn, genug der Sturheit für sie: Sie würden doch aneinander kleben bleiben, und insofern war es konsequent, das Ganze staatlich zu besiegeln und den Zweikomponentenkleber durch einen erneuten Gang zum Standesamt aufzubringen.

Ihr Handy vibrierte. Sebis Antwort.

Hast du gute Laune, mein Schatz? Das hoffe ich, denn andernfalls traue ich mich nicht, dir eine schlechte Nachricht zu übermitteln.

Rosa spürte, wie eine unnatürliche Tranquillität von ihr Besitz ergriff. Das verhieß nichts Gutes. Sie würde sich gleich wahrscheinlich gewaltig aufregen und nutzte die buchstäbliche Ruhe vor dem Sturm zum Tippen.

Meine Laune ist fantastisch. Rück nur raus mit der Sprache, du musst keine Angst haben. Es sei denn, du willst mir mitteilen, dass du einen Auftrag hereinbekommen hast, den du nicht ablehnen kannst!?

Sebi hatte vor drei Jahren den stressigen Dienst bei der Polizei quittiert, direkt nach dem Ableben seiner wohlhabenden Großtante, die ihm als Lieblings-Großneffen einen beträchtlichen Teil ihres Vermögens vermacht hatte. Seitdem betätigte er sich als Privatermittler, wobei er sich weiß Gott nicht überarbeitete. Überwiegend verbrachte er seine Bürozeit mit der Lektüre von Kochbüchern. Doch wenn einmal etwas zu tun war, dann immer zum ungünstigsten Zeitpunkt. Gerne kurz vor Weihnachten, vor Feiertagen – und rund um die Osterferien. Mehr als einmal hatte die gemeinschaftliche Erholung am Jadebusen deshalb schon am seidenen Faden gehangen. Und letztes Jahr hatte eine vermögende Fabrikantin mit Sebis Unterstützung kurz vor Ferienende Beweise für das ehewidrige Verhalten ihres Mannes gesammelt, was zu Sebis um eine Woche verspäteter Anreise geführt hatte. Als er dann in der zweiten Urlaubswoche endlich in Dangast eingetroffen war, hatte Rosa es sich nicht verkneifen können, scharfzüngig in der alten Wunde herumzustochern: *Nun ja, das ist schließlich dein Spezialgebiet. Wer, wenn nicht du, kennt sich mit ehewidrigem Verhalten aus?*

Kurz entschlossen startete Rosa einen Video-Anruf. Sie musste ihm in die Augen sehen, wenn er ihr die schlechte Nachricht eröffnete. Als Sebi im Display erschien, lag das personifizierte schlechte Gewissen in seinem auf die Handykamera gerichteten Blick und das Elend der Welt auf seinen breiten Schultern.

»Könntest du dir vorstellen, unsere Abfahrt um einen Tag zu verschieben …?«, eröffnete er und strich mit der Hand sein dichtes, dunkles Haar aus der Stirn, das an den Schläfen ein paar silbergraue Reflexe, aber keine einzige schüttere Stelle hatte. Nervös war er, das stand für Rosa zweifelsfrei fest, als er zu einer kryptischen Ergänzung seiner Frage ansetzte.

»Wegen der Internationalen Katzenausstellung.«

Sebi hatte sich noch nie etwas aus Katzen gemacht. Mit der Behauptung, eine extrem ausgeprägte Katzenhaarallergie zu haben, war jede Diskussion um die Anschaffung einer Katze zu Rosas Leidwesen im Keim erstickt worden. Sie liebte Katzen über alles und hätte von Herzen gern mindestens für eine das Dosenöffnen übernommen. Nach der Trennung hätte sie sich den Herzenswunsch erfüllen können, aber anfangs war sie zu sehr mit der Entrüstung über Sebis Treulosigkeit und dem Durchfechten der Scheidung beschäftigt.

Und direkt nach der Scheidung hatten sie die Beziehung ja wieder reaktiviert, wenn auch getrennt lebend. Doch Sebi hatte keinen Zweifel daran gelassen, dass auch nur ein einziges Katzenhaar in seinem oder ihrem Bett ihm zum Verhängnis werden konnte. Von Augenrötungen über eitrige Pusteln im Gesicht bis hin zu akuter Atemnot wäre alles möglich. Ob sie sich nicht statt einer haarenden Katze einen allergikerfreundlichen Hund anschaffen wollte? Einen Pudel zum Beispiel?

Rosa konnte sich daher keinen Reim auf Sebis Eröffnung machen.

»Du sprichst wirr. In welcher Verbindung stehen die Katzenausstellung und die verspätete Abreise? Komm endlich zur Sache.«

Sebi zog den Kopf ein wenig ein, es sah aus, als wollte er sich ducken.

»Ich bin Bernd einen Gefallen schuldig.«

Polizeirat Bernd Ammermann war ein paar Jahre, nachdem Sebi den Polizeidienst quittiert hatte, in den Ruhestand gegangen. Sie kannte ihn flüchtig von früher und wusste, dass er und Sebi eine lockere Freundschaft pflegten. In letzter Zeit schien der Kontakt jedoch etwas eingeschlafen zu sein, jedenfalls hatten Sebi und Bernd sich länger nicht mehr getroffen.

»Sebi, ich habe nicht den Hauch einer Idee, was Bernd, die Katzenausstellung, der Gefallen und unsere Reise miteinander zu tun haben.«

»Er hat damals seiner Frau zuliebe den Vorsitz des Katzenzuchtvereins Bergischland übernommen. In diesem Jahr ist er auch Organisator der ersten internationalen Katzenausstellung des Vereins in Wuppertal. Und es gibt da ein Problem.«

»Was heißt hier Problem? Welches Problem im Zusammenhang mit einer Katzenausstellung könnte unsere Urlaubspläne tangieren?«

Als wäre ihm der Hals abhandengekommen, sackte Sebis Kopf noch tiefer zwischen die Schultern. »Es sind Drohbriefe eingegangen. Wahrscheinlich nur ein harmloser Verrückter. Bernd hält es für überzogen, deswegen die Kollegen zu alarmieren.«

Noch immer weigerte sich Rosas Verstand, das Problem zu erkennen.

Sebi straffte sich, um die Sachlage zu präzisieren: »Aber er hat mich gebeten, einfach anwesend zu sein und ein wachsames Auge auf die Veranstaltung zu haben.«

Rosa bedachte ihn mit einem Lächeln und flötete: »Aber das ist doch fantastisch. Ich besuche dich dort gern und leiste Erste Hilfe, wenn du erstickst. Wo findet das Spektakel denn statt? Unihalle oder Historische Stadthalle?«

»Weder noch.« Sebi nannte ihr die Adresse im Wuppertaler Stadtteil Barmen. Sein gequälter Blick sprach Bände. Rosa kannte ihren Pappenheimer seit fast zwei Jahrzehnten. So viel war gewiss, er wusste genau, dass seine Katzenhaarallergie-Schummelei soeben aufgeflogen war. Bernd Ammermann würde niemals die Größe des kleinen Gefallens ermessen können, zu dem er Sebi genötigt hatte.

2
Blaublüter

Im Gegensatz zur prächtigen Historischen Stadthalle und zur modernen Unihalle in Wuppertal-Elberfeld war die Multifunktionshalle in Wuppertal-Barmen wenig glanzvoll und zudem altbacken. Für gewöhnlich fanden in ihrem schlichten Ambiente Veranstaltungen mit regionalem Fokus statt, die vergleichsweise bedeutungslos waren. Doch an diesem Samstag würde es darin sowohl international als auch aristokratisch zugehen, wenn adelige Katzen nebst Personal die reservierten Ausstellungsplätze bezogen. Schon um sieben Uhr, eine Stunde vor dem offiziellen Einlass für Aussteller und drei Stunden vor der Öffnung für Gäste, war Sebi vor Ort. Er wollte sich in Ruhe umsehen und die Sachlage besprechen. Aber mit der Ruhe war es nicht weit her. Es herrschte schon emsige Betriebsamkeit, da die Showkäfige auf den Tischen platziert wurden. Diese mit viel Klappern und Scheppern verbundene Aufgabe übernahmen Leute vom Verein. Bernd überwachte das Ganze mit Argusaugen und erging sich währenddessen in Erläuterungen, die Sebis Geduld arg strapazierten.

»Alle gemeldeten Katzen verfügen über einen erstklassigen Stammbaum! Wir haben die *Crème de la Crème* zu Gast!

Darunter einen World Champion, mehrere International Champions und ein Dutzend European Champions!«

Bernd schrie, als wäre Sebi schwerhörig, außerdem schnaufte er vor Aufregung und wischte sich zum wiederholten Male mit einem Stück Küchenpapier den Schweiß von der Stirn. Das Tuch war bereits völlig durchweicht, da der Pensionär übermäßig stark transpirierte. Zum Glück stand die Rolle griffbereit und Sebi reichte dem ehemaligen Vorgesetzten ein neues Tuch, das dieser dankbar entgegennahm.

»So eine Ausstellung gab es noch nie in Wuppertal und schon gar nicht in Barmen, das kannst du mir glauben! Wir haben eine wirklich hochkarätige Veranstaltung auf die Beine gestellt! Für die Bewertungen und Prämierungen konnten wir drei Richter von internationalem Renommee gewinnen! An diesen Tischen werden sie sich die Katzen haargenau anschauen und beurteilen!«

Auch die Schweißdrüsen unter Bernds Armen arbeiteten sichtbar im Akkord, obwohl die Raumluft noch angenehm frisch war. Sebi hatte einmal gelesen, dass es spezielle saugfähige Pads gab, die man sich unter die Arme schnallen konnte, wovon Bernd offensichtlich noch nichts wusste. Sein Achselschweiß rann nahtlos in den Stoff des Polo-Shirts und breitete sich unter den Achselhöhlen kreisförmig aus, als er die Richtertische zurechtrückte. Nachdem er sie abschließend mit einem Desinfektionsmittel abgewischt hatte, das für Tiere ungefährlich war, wie er nebenbei kundtat, deutete er auf die Bühne.

»Dort stehen schon die Pokale bereit!«

»So viele?«, staunte Sebi beim Anblick des beachtlichen Haufens an kitschigen bronzenen, silbernen und goldenen Siegestrophäen.

Bernd erklärte ihm, das sei bei einer Katzenausstellung dieser Größenordnung ganz normal.

»Wir prämieren Best in Show, Best in Varietät, Bestes Nest, Bestes Baby, Bestes Jungtier, dazu gibt es etliche Sonderpreise, zum Beispiel auch für die schönste Hauskatze. Dann die anderen männlichen und weiblichen Sieger in den verschiedenen Rassen und Altersklassen, in der Offenen Klasse und bei den Kastraten – immer auch unterschieden nach Kurzhaar, Semihaar und Langhaar – und schließlich Best of Best, die allerbeste ...«

Es mochte am vollmundigen Rotwein liegen, den Sebi gestern nach dem Videotelefonat mit Rosa geöffnet hatte, dass sein Kopf dröhnte, vielleicht waren aber auch die detaillierten Ausführungen nicht ganz unschuldig daran. So genau hatte Sebi es nicht wissen wollen.

»Verstehe«, unterbrach er Bernd deshalb und lenkte das Gespräch auf die drei Drohbriefe, deretwegen er hierher gebeten worden war. Den Wortlaut kannte er, aber er wusste noch nicht, was die kriminaltechnische Untersuchung ergeben hatte. Da bei der Spurensicherung noch ein alter Bekannter arbeitete, den Bernd bequatscht hatte, waren die Schreiben auf Haare, Fingerabdrücke und DNA-Spuren untersucht worden. Leider ohne verwertbare Ergebnisse, wie Bernd nun berichtete. Wer auch immer das DIN-A4-Papier bedruckt, zusammengefaltet und in den Briefkasten des Vereinsheims eingeworfen hatte, war mit größter Sorgfalt vorgegangen. Die Schreiben boten keinerlei Anhaltspunkte. Es handelte sich um weißes Allround-Druckerpapier in der Stärke 80 g/qm, bedruckt mit einem handelsüblichen Laserdrucker. Bernd hatte die anonymen Schreiben im Laufe der letzten zwei Wochen vorgefunden und sie, nachdem sie von der SpuSi zurückgekommen waren, einzeln nach Eingangsdatum sortiert, in transparenten Prospekthüllen abgeheftet. Den Ordner hatte er mitgebracht. Sebi schaute sich noch einmal genau an, was auf den Blättern stand.

Nr. 1 |19|03|18
SCHLUSS MIT DEM DEKADENTEN RASSENWAHN!
KATZEN SIND KEINE AUSSTELLUNGSOBJEKTE!
NEIN ZU KATZENAUSSTELLUNGEN!

Nr. 2 |20|03|18
WÜRDELOSE RASSEN-SCHAU!
NEIN ZU QUALZUCHTEN!
KEINE KATZENAUSSTELLUNGEN!

Nr. 3 |22|03|18
SIND SIE BEREIT, DIE KONSEQUENZEN ZU TRAGEN?!
WER NICHT HÖREN WILL, MUSS FÜHLEN!
AUF IHRER AUSSTELLUNG WERDEN KEINE TROPHÄEN VERGEBEN!

Alles in Großbuchstaben und Fettdruck, gespickt mit Ausrufezeichen. Grammatik, Rechtschreibung und Zeichensetzung korrekt, soweit Sebi das beurteilen konnte. Wer die Dreizeiler geschrieben hatte, musste einigermaßen gebildet sein und beherrschte die deutsche Sprache. Katzenhasser steckten wohl kaum dahinter, das stünde im Widerspruch zur Aussage der Formulierungen im knappen Telegrammstil. Das Geschreibsel wirkte eher wie ein schlechter Scherz mit leeren Drohungen. Wobei die ersten beiden Schreiben noch nicht mal eine konkrete Drohung enthielten, sondern man konnte ihnen nur eine allgemeine Ablehnung von Katzenausstellungen, Katzenzucht und Rassekatzen entnehmen. Erst im dritten Brief wurde mit Konsequenzen gedroht. Aber mit welchen? Da bot der letzte Satz durchaus Interpretationsspielraum.

Auf Ihrer Ausstellung werden keine Trophäen vergeben! – was sollte das bedeuten? Auch Bernd wurde nicht schlau daraus. Schließlich sollten eine Menge Trophäen vergeben werden, alle die Pokale, die am Rande der Bühne auf ihre Vergabe an die Sieger warteten. Wollte jemand das verhindern, müsste er die Pokale vorher entwenden. Oder – auch das war denkbar – die Katzenrichter an ihrer Richtertätigkeit hindern, sodass diese die Katzen nicht beurteilen konnten.

Sebi versprach Bernd, besonders auf die Bühne und den direkt davor platzierten Richtertisch aufzupassen. Falls er etwas Verdächtiges bemerkte, würde er einen der beiden Wachleute kontaktieren, die Bernd für die Ausstellung angeheuert hatte.

»Sind hier denn irgendwelche Qualzuchten dabei?«, wollte Sebi wissen. »Mit Katzen kenne ich mich überhaupt nicht aus. Bei Hunden gibt es so was. Nackthunde oder besonders kurzköpfige Rassen mit entzündeten Glupschaugen und Atemnot.«

»Findest du alles auch bei Katzen«, erläuterte Bernd, augenscheinlich selbst mit Atemnot kämpfend und sich erneut die nasse Stirn abtupfend. »Aber Qualzuchten sind die Ausnahme. Die wenigsten Züchter nehmen bewusst Schmerzen, Leiden oder andere Schäden bei der Rasse in Kauf. In unserer Ausstellungsordnung ist das eindeutig geregelt, solche Katzen dürfen nicht gezeigt werden, mal abgesehen von den Scottish Fold mit einer genetischen Ohrenanomalie, deren Zucht aber offiziell erlaubt ist. Wir haben eine Sondershow für Britisch Kurzhaar, die sind in dieser Hinsicht ganz unproblematisch.«

Mitten in ihre Lagebesprechung platzte ein untersetzter Mann mittleren Alters, im Gefolge eine wesentlich jüngere und hübschere Begleiterin. Nachdem er seinem Unmut über den Dauerregen Ausdruck verliehen hatte, stellte der Untersetzte sich als Ronald Sommer vor. Seine Begleitung hieß Jasmin Bethge und würde ihm als Stewardess bei der Richtertätigkeit assistieren. Einige Minuten nach der Ankunft des ersten Richters und seiner reizenden Assistentin erschien die Tierärztin Frau Dr. Schulten, um alle angemeldeten Katzen kurz zu checken, bevor diese ihre Ausstellungskäfige bezogen. Wenn sie einen gesunden Eindruck machten und frei von Parasiten waren, durften sie an der Ausstellung teilnehmen – andernfalls mussten sie leider draußen bleiben.

Kurz darauf füllte sich die Halle Schlag auf Schlag. Die beiden anderen Richter und Stewards trafen ein, dann rückten acht Katzenfreundinnen des gastgebenden Vereins Bergischland an und bauten im Nebenraum ein Buffet für das Ausstellerfrühstück auf. Mit belegten Brötchen, Kuchen, Filterkaffee, Tee und kalten Getränken war für das leibliche Wohl umfassend gesorgt. Eine muntere Dame schenkte Sebi Kaffee ein. Er nahm die mit einem Katzenkonterfei verzierte Tasse dankend entgegen, probierte einen Schluck und zog angewidert eine Grimasse. Sebi war Kaffee-Gourmet, in seiner Küche standen eine Siebträgermaschine und eine Espressomühle, beides vom Feinsten, genauso wie die Bohnenqualität, die er bevorzugte. Egal, er brauchte jetzt Koffein. Er leerte die Katzentasse komplett, wenn auch mit Todesverachtung.

Inzwischen hielten die Aussteller Einzug – oder vielmehr die Ausstellerinnen. Katzen wurden anscheinend mehrheitlich von Frauen gezüchtet. Im Gegensatz dazu schien das Bewerten der Tiere eine Männerdomäne zu sein, stellte Sebi fest. Da der offizielle Einlass erst um zehn begann, schlenderte er im Saal umher und las einige der Schilder, die an den Gitterstäben der Einzel-, Zweier- und Dreierkäfige befestigt waren: *Caruso vom Silberstreif*, Maine Coon. Seinen Käfig hatte man höchst komfortabel ausgestattet: Silberne Samtvorhänge an drei Seiten, ein weicher weinroter Teppich auf dem Boden, eine aus einem Holzstamm geschnitzte Kuschelhöhle und eine silberne Katzentoilette, die er soeben benutzt hatte. Nun begann er, die feste Hinterlassenschaft derart energisch zu verscharren, dass die Streu nur so flog.

Sebi zog schnell einen Gang weiter und blieb bei *Lucille of Dreamaway* stehen, laut Infoschild eine Ragdoll. Das hieß wörtlich übersetzt Lumpenpuppe. Sebi hatte keine Idee, wie man auf so einen absurden Namen für eine Katzenrasse kam. Am Tisch daneben thronte *Whistleblower of Bravehearts*, Scottish Fold. Die Anomalie, die Bernd eben angesprochen hatte, war unübersehbar: Der blaugraue Kater hatte keine Ohren! Oder jedenfalls keine katzentypischen, sondern recht kümmerlich wirkende Knicköhrchen. Armes Tier, murmelte Sebi in Richtung der Katze. Obwohl leise gesprochen, hatte es die Züchterin doch mitbekommen. Sie erhob sich vom Hocker, auf dem sie gesessen hatte, strich ihr voluminös wallendes ockergelbes Gewand glatt und baute sich vor ihm auf. Es gab nicht viele Frauen, die stehend auf Augenhöhe mit Sebi waren – diese war es.

»Das ist kein armes Tier!«, belehrte sie Sebi barsch. Ihrem schwach ausgeprägten, aber dennoch unverkennbaren Akzent nach zu urteilen, stammte sie aus Osteuropa. »Schottische Faltohrkatzen verfügen nachweislich über eine exzellente Gesundheit. Das belegt eine internationale Studie. Fünfzig Scottish Fold unterschiedlichen Alters aus verschiedenen Zuchten wurden untersucht, auch röntgenologisch, und es gab keinen einzigen negativen Befund. Arttypischer Körperbau, volle Beweglichkeit von Gliedmaßen und Schwanz – und hören können sie auch! Whissie, du hörst hervorragend, stimmt's? Möchte mein Whissie ein feines Leckerchen von seiner Mamutschka?«

Whissie ließ einen erfreuten Laut der Zustimmung ertönen, woraufhin die Züchterin ihn triumphierend ansah. »Er hört wie ein Luchs!«

Sebi lächelte kleinlaut und sah zu, dass er fortkam. Nach dieser Erfahrung wollte er eigentlich keine weiteren Katzen anschauen, aber dann erregte ein Schild seine Aufmerksamkeit und er blieb doch noch mal stehen. *Adèle La Belle vom Blauen Berg, Britisch Kurzhaar*, stand auf dem Schild. Aha, diese stämmige Katzenlady war also eine Vertreterin der Sondershow. Sebi trat einen Schritt näher an den Käfig, um das Tier genauer zu betrachten. Das war ein Fehler, denn sofort kam eine zierliche Brünette herbeigeeilt, die eine gigantische Transportbox vor der Brust trug.

»Würden Sie bitte etwas Abstand halten?«, fauchte sie und wuchtete die Box auf den Tisch. »La Belle ist noch leicht gestresst, sie braucht eine Weile, um sich zu akklimatisieren.«

Die blaublütige La Belle wirkte nicht im Geringsten gestresst. Sie putzte sich in aller Seelenruhe ihr blaues Fellkleid. Abgesehen von den Ohren sah sie genauso aus wie der Scottish Fold Kater. Als sie den Kopf hob, ruhten ihre bernsteinfarbenen Augen nur für den Bruchteil einer Sekunde herablassend auf Sebi, bevor sie sich wieder konzentriert an die Fellpflege begab. Ihre Besitzerin wirkte entschieden unentspannter. Aus der großen Katzenbox drang ein vielstimmiges klägliches Miauen.

»Oh, tut mir leid«, entschuldigte sich Sebi. »Bitte sehen Sie es mir nach, ich habe keine Ahnung von Katzen. Aber selbst ich erkenne, dass Ihre Samtpfote ein richtiges Prachtexemplar ist.«

Die Schmeichelei wirkte wie gewünscht. Die Mundwinkel der Frau, die er auf Mitte dreißig schätzte, hoben sich, und das Lächeln stand ihr gut. Sie stellte sich als Monika Müller von der Cattery vom Blauen Berg vor. Als er ihr erzählte, dass er mit Bernd Ammermann befreundet und deshalb auf der Ausstellung sei, legte sie ihre Kratzbürstigkeit komplett ab und ging nahtlos zum Du über. Sebi erfuhr, dass Adèle, Rufname La Belle, der ganze Stolz ihrer noch jungen Cattery war, ein Eigengewächs aus dem ersten Wurf, das bald die Dynastie vom Blauen Berg erweitern sollte. Monika hoffte, heute mit ihr mindestens einen Pokal abzuräumen. Und vielleicht noch weitere mit ihrer Mutter Luna und deren neuen

Kitten, La Belles Halbgeschwisterchen, die noch in der Transportbox ausharrten.

»Es ist ein wunderbarer B-Wurf, und ich rechne mir gute Chancen für das *Beste Nest* oder das *Beste Baby* aus!«

Sebi überlegte, ob er nachfragen sollte, was ein B-Wurf war. Doch die Entscheidung wurde ihm abgenommen, als er plötzlich eine vertraute Stimme in seinem Rücken hörte.

»Sie haben Katzenbabys? Oh, wie süß!«

Er drehte sich ruckartig zu Rosa um, woraufhin sie ihm ein flüchtiges Küsschen auf den überrascht geöffneten Mund hauchte.

»Es ist doch noch gar kein Einlass für Besucher«, stellte er fest. »Wie bist du hereingekommen?«

»Dein Name war meine Eintrittskarte. Ich habe dem Türsteher gesagt, dass du mich erwartest.«

Dann wandte sie sich an Monika: »Entschuldigung, wir kennen uns noch nicht. Ich bin Rosa Fink. Und ich würde zu gern Ihre Kitten sehen. Sind die auch blau, so wie diese samtpfötige Schönheit dort?«

Als Monika die Katzenbox öffnete, um Luna of Wonderland und ihren B-Wurf, fünf winzige blaue Fellknäuel, die um ihre Mutter herumwuselten, in den zweiten Käfig zu setzen, entfuhr Rosa ein ums andere Mal ein Ausruf des Entzückens. Sebi fand es erstaunlich, dass Monika in der Lage war, jedes dieser für ihn absolut identisch aussehenden Fellknäuel zu benennen.

»Das Kerlchen hier ist Beau Brummel, das da sein Brüderchen Bohemian Blue. Und das sind die drei Mädels Blue Beverly, Blue Baccara und Blue Bambina.«

Bei jedem Namen jauchzte und gurrte Rosa, selten hatte Sebi sie außerhalb des Schlafzimmers derart in Ekstase erlebt. Diese Begeisterung bereitete ihm Unbehagen.

»Ich bin schockverliebt. Da könnte ich ja bei allen sofort schwach werden. Was kostet denn so ein Rassekätzchen?«

Bei der Frage, die Rosa an die Züchterin richtete, zuckte Sebi leicht zusammen. Genau jetzt strömten die ersten Besucher herein, eigentlich musste er an der Bühne Position beziehen, und von dort aus den Richtertisch und die Pokale im Auge behalten. Doch Monikas Antwort wollte er unbedingt noch abwarten.

»Die Kleinen werden für je 850 Euro abgegeben. Natürlich zweifach geimpft und entwurmt, mit Gesundheitszeugnis, Stammbaum und hochwertiger Futter-Erstausstattung. Jetzt sind sie 10 Wochen alt, in zwei Wochen bekommen sie die zweite Impfung und kurz danach ziehen sie aus. Aber diese hier sind schon alle vergeben, tut mir leid.«

Sebi hatte genug gehört. Die Blaublüter waren vergeben, dem Herrgott sei Dank und Lob und Preis. Apropos Preis: achthundertfünfzig Euro! Wer war denn verrückt genug, bereitwillig so viel für eine Katze zu berappen? Er hatte nichts gegen Katzen. Er fand sie niedlich, aber Sebi war ein Hundemensch durch und durch. Das war auch der Grund für die kleine Notlüge mit der Allergie gewesen. So wie steter Tropfen den Stein höhlte, hätte Rosa ihn sonst mit der ihr eigenen Beharrlichkeit ausgehöhlt, Tage, Wochen, Monate, Jahre – so lange, bis sein Widerstand zusammengebrochen und eine miauende, haarende und kapriziöse Zeitbombe eingezogen wäre. Zwar hatte kein Arzt jemals eine Allergie bei ihm diagnostiziert, aber das musste nichts bedeuten. Früher oder später würde er bestimmt eine entwickeln. An Katzenhaaren hafteten entsetzlich allergene Hautschuppen und jede Menge allergener Speichel, und die allergieauslösenden Partikel gelangten über die Kleidung, an denen Katzenhaare hafteten, überall hin. Insofern war er sich keiner Schuld bewusst. Was er Rosa aufgetischt hatte, war weiß Gott nicht an den Haaren herbeigezogen, sondern nur eine vorbeugende Maßnahme.

Rosa war jedenfalls viel zu vernünftig, für ein zweifellos niedliches Kitten fast einen Tausender hinzulegen. Sie hielt ihr Geld lieber zusammen, anstatt es für unnötige Dinge auszugeben. Außerdem hatten sich trotz dieses Fantasiepreises andere Schockverliebte gefunden. Dem Himmel sei's gepfiffen. Ihm fiel auf, dass er kurz hintereinander erst Gott und dann dem Himmel gedankt hatte. Da schlugen wohl seine katholische Erziehung und die unzähligen Stunden durch, die er in der Albaxer Dorfkirche St. Dionysius hatte verbringen müssen. Obwohl fern der ostwestfälischen Heimat schon vor vielen Jahren aus der Kirche ausgetreten, war Sebi in Momenten wie diesen doch versucht, an himmlische Mächte zu glauben.

»Entschuldigt bitte, ich muss dann mal los. Wir sehen uns sicher später noch«, verabschiedete er sich höflich und eilte zur Bühne auf seinen Beobachtungsposten. Von dort aus hatte er den optimalen Rundumblick. So konnte er auch sehen, dass Rosa und Monika weiter miteinander plauderten. Ein Paar blieb bei ihnen stehen und als Sebi das nächste Mal hinüberschaute, hatte sich noch eine alte Dame mit Rollator dazugesellt. Die Fünfergruppe schien sich angeregt zu unterhalten. Sie löste sich erst auf, als Monika ihre Adèle La Belle dem Richter Sommer zur Begutachtung vorführte. Er winkte Rosa zu, woraufhin sie sich zu ihm an die Bühne begab.

»Na, schon was Verdächtiges gesehen?«, erkundigte sie sich.

Sebi verneinte. Bisher war ihm niemand aufgefallen, der oder die sich auffällig verhielt. Das einzig Auffällige waren Rosas beseeltes Lächeln und der Glanz in ihren Augen. Er hätte zu gern gewusst, was sie so erfreute, aber er musste sich auf seine Aufgabe konzentrieren. In der Halle herrschte jetzt Hochbetrieb, für Privatgespräche war keine Zeit. Erst recht nicht, weil just in diesem Augenblick ein schriller Schrei zu vernehmen war und wenig später Tumult ausbrach.

3
Farbrausch

Der Schrei war aus Richtung der Tische gekommen, die von der Bühne aus betrachtet ganz hinten an der gegenüberliegenden Wand standen. Schmerzerfüllt hatte er für Rosa nicht geklungen, und auch nicht wie ein Hilferuf, sondern vielmehr empört und wütend. Sie reckte sich, konnte aber auch auf Zehenspitzen nicht erkennen, was da an der letzten Tischreihe vor sich ging.

»Tu mir einen Gefallen und rühr dich nicht von der Stelle, bis ich Entwarnung gebe. Sicher ist sicher. Ich checke die Lage!«, rief Sebi. Eine Antwort wartete er nicht ab, sondern spurtete wie von der Tarantel gestochen los. Sie beobachtete, wie er begann, sich unter Einsatz seiner muskulös verteilten hundert Kilogramm Körpermasse energisch einen Weg durch das Getümmel zu bahnen, um der Ursache dieser Aufregung auf den Grund zu gehen. Im hinteren Teil der Halle kreischten nun mehrere Frauen synchron auf. Rosa dachte höchstens drei Sekunden darüber nach, ob sie Sebi den gewünschten Gefallen tun sollte. Dann war sie zu der Erkenntnis gelangt, dass es sie ebenso brennend wie ihn interessierte, was geschehen war. Ohne weiteres Zögern heftete sie sich an seine Fersen und nutzte die Schneise, die er bahnte.

Sebi merkte nichts davon, dass er Rosa im Schlepptau hatte. Hinten drängten sich Leute in Pulks vor den Käfigen und versperrten ihm die Sicht auf die darin befindlichen Katzen. Allmählich befürchtete er das Schlimmste. Könnte doch jemand den Tieren etwas zuleide getan haben? Hatten Bernd und er die Gefahr unterschätzt? Mit einem lauten »Zur Seite, ich gehöre zum Sicherheitsdienst!« schaffte er es, in die Nähe eines der Käfige vorzudringen. Ein großes Schild wies die darin befindliche Katze als Heilige Birma Shaylin of Waterlily aus, Ihres Zeichens Grand International Champion. Obwohl Sebi von Katzen wenig verstand, erfasste er doch intuitiv, dass die leuchtend roten Farbflecken im hellen Fell der Birmakatze wohl kaum natürlichen Ursprungs waren. Das traf wahrscheinlich auch auf die giftgrünen Flecken auf dem weißen Perserkater Nobleman of Imperial Count am Nebentisch zu. Die Farben waren zweifelsfrei aufgesprüht worden. Nicht großflächig, sondern kreisförmig auf den Rücken, den die nichts Böses ahnenden Samtpfoten der Sprühflasche im Moment der Tat offenbar zugewendet hatten.

Ziemlich abrupt bremste Sebi vor dem Tisch der Cattery of Waterlily ab und blieb stehen. Prompt trat ihm jemand von hinten in die Hacken. Er fuhr herum und musste erkennen, dass er ebenso wenig wie die Katzen vor Überraschungen hinter seinem Rücken gefeit war, denn zum zweiten Mal an diesem Tag tauchte dort unerwartet Rosa auf. Diesmal küsste sie ihn aber nicht, sondern starrte völlig entgeistert an ihm vorbei auf die rot getupfte Shaylin und ihren Leidensgenossen Nobleman, denen man soeben die makellose Schönheit ruiniert hatte.

Er öffnete den Mund, um spontan seinen Unmut zu bekunden, dass sie nicht an der Bühne geblieben war. Doch dann schloss er ihn wieder und verkniff sich die Vorwürfe. Was sollten die jetzt bringen? Zum Glück bestand keine Gefahr für Leib und Leben. Und wichtiger als eine Diskussion mit Rosa, bei der er erfahrungsgemäß doch den Kürzeren ziehen würde, war nun das Einholen von Informationen zum Tathergang. Das erwies sich jedoch als nahezu unmöglich, denn die erzürnten Damen der Catterys of Waterlily und of Imperial Count nahmen gar keine Notiz von ihm, so vertieft waren sie in ihre Schimpftiraden. Sebi überlegte, ob es Zufall sein konnte, dass sie Kleider in Rot und Grün trugen. Oder hatte der Täter, vielleicht auch die Täterin, die Tiere etwa passend zur Farbwahl der Damen verunstaltet? Das würde auf eine perfide Ader und Sinn für bitterbösen Humor hindeuten.

Auf freundlich-bestimmte Ansprache reagierten die Züchterinnen nicht im Geringsten, sie wuselten und plapperten in einer Tour weiter durcheinander. Da musste er wohl das volle Volumen seiner Bruststimme einsetzen. Doch gerade, als er sich Gehör verschaffen wollte, kam der Vereinsvorsitzende in einer für sein Alter und seinen Leibesumfang beachtlichen Geschwindigkeit mit kurzen Schritten angehoppelt. Sein Gesicht wies ebenfalls leuchtend rote Flecken auf, besonders im Wangenbereich. Die Farbe war aber nicht aufgesprüht, sondern einem Mix aus Anstrengung, heftiger Gemütsbewegung und stickiger Hallenluft geschuldet.

»Ist ... jemand ... verletzt?«, fragte er, wobei er nach jedem Wort keuchte und um Luft rang. Der arme Kerl hatte Schnappatmung, hoffentlich kollabierte er nicht beim Anblick der Katzen. Vor seiner Pension war er ein patenter Vorgesetzter gewesen, hatte sogar als harter Hund gegolten. Der Ruhestand in Kombination mit seiner verantwortungsvollen Position im Katzenverein schien ihm nicht gut zu bekommen. Ein Mann seines Alters sollte sich einen Vorstandsposten lieber nicht mehr antun, dachte Sebi, und beeilte sich, ihn zu beruhigen.

»Nein, Bernd, keine Sorge! Niemand wurde verletzt, es ist nichts Schlimmes passiert. Nur ein harmloser Streich, eine Attacke mit Sprühfarbe.«

Jetzt erst sah Bernd Ammermann die kunterbunte Bescherung. Er schnappte noch einmal nach Luft, bevor er sich ein wenig entspannte. Doch leider war ihm keine nachhaltige Erholung vergönnt, denn just in diesem Moment gellten weitere Entsetzensschreie durch die Halle, diesmal gleichzeitig von der linken und rechten Seite.

Wie sich schnell herausstellte, waren Täter oder Täterin, während sie hier gestanden und den Schaden begutachtet hatten, klammheimlich weitergezogen, um ihr Werk an anderer Stelle fortzuführen. Sebi ging davon aus, dass es mindestens zwei gewesen waren. Sie hatten sich erst im hinteren Bereich zu schaffen gemacht und dann aufgeteilt. So konnten sie das durch die ersten Sprüh-Attacken entstandene Chaos nutzen, um linker und rechter Hand erneut zuzuschlagen. Sie im Getümmel zu stellen, war aussichtslos, und für Ausgangskontrollen fehlten ihnen die Leute. Mit zwei Wachmännern kam man da nicht weit. Im Moment galt es, weitere Panik zu verhindern. Darum schlug sich Sebi nach kurzer Rücksprache mit Bernd wieder zur Bühne durch und schnappte sich das Mikro, das einsatzbereit für die Siegerehrung neben dem Pokaltisch lag.

»Sehr geehrte Aussteller und Gäste, dies ist eine Durchsage der Veranstalter. Bitte bewahren Sie Ruhe und bleiben Sie alle in der Halle. Die Küche ist geöffnet, dort stehen Getränke und Snacks bereit. An die Aussteller: Begeben Sie sich zu Ihren Tischen und behalten Sie Ihre Tiere im Auge. Für Ihre Sicherheit und die Sicherheit Ihrer Katzen ist durch unseren Wachdienst gesorgt. Die Polizei ist benachrichtigt und wird in wenigen Minuten eintreffen. An die Gäste: Falls Sie etwas beobachtet haben, das zur Aufklärung beitragen kann, kommen Sie bitte umgehend zur Bühne.«

Nach umfassender Begutachtung der geschädigten Tiere an den anderen Tischen steuerte Bernd auf die Richtertische zu.

Dort setzte er die Herren in Kenntnis, was geschehen war und dass sie ihre Tätigkeit bedauerlicherweise nicht fortsetzen konnten. Richter Sommer schüttelte verärgert den Kopf und machte keinen Hehl daraus, wie sehr er es seinerseits bedauerte, sich auf eine Veranstaltung in Wuppertal eingelassen zu haben. Seine ehrenamtlichen Dienste als examinierter Katzenrichter waren heiß begehrt, er hätte heute auch in Berlin, Hamburg oder München auf bedeutenderen und mit Sicherheit besser organisierten Shows richten können. Aber er hatte Wuppertal den Vorzug gegeben, um sich nebenbei den lang gehegten Wunsch einer Schwebebahnfahrt zu erfüllen. Pech auf der ganzen Linie, denn die Schwebebahn war ausgerechnet an diesem Wochenende aufgrund einer Betriebsstörung ausgefallen. Passend zum trüben Regengrau des Himmels über der Stadt erreichte Sommers Stimmung ihren Tiefpunkt. Da er weder dem Wetter noch der Schwebebahn die Schuld geben konnte, regte er sich nun zusammen mit den Kollegen lautstark über das unzureichende Sicherheitskonzept des Vereins auf.

Bernd achtete nicht weiter auf das Lamentieren der Richter. Er war in Gedanken bei der dreisten Farbattacke. Insgesamt waren zehn Katzen besprüht worden. Sebi glaubte, die Sprüher hätten die Farbe vermutlich in Fläschchen gefüllt, vielleicht umfunktionierte Parfümflakons, die unauffällig in der Hand lagen. Nur so war zu erklären, dass sie unbemerkt hatten zuschlagen können.

Zu allem Unglück hatte es auch die hochdekorierte Balinesin Jolanthe von den Tausend Tempeln erwischt. Mit ihren tiefblauen mandelförmigen Augen, den großen Ohren, ihrem schlanken, aber muskulösen Körperbau und dem hellen, seidig glänzenden Halblanghaarfell hatte sie schon so manchen Richter bezirzt. Sie war die klare Favoritin für Best of Best gewesen, zumal Ronald Sommer, wie Bernd wusste, insgeheim eine besondere Schwäche für diese majestätische und vergleichsweise seltene Katzenrasse hatte.

Und dann ausgerechnet der Faltohr-Schotte! Seine rabiate Züchterin kannte er. Sie stammte aus der Ukraine und war mit ihrer Familie Anfang der Neunziger nach Deutschland emigriert. Shevchenko hieß sie, mit Vornamen Alexandra. Die Shevchenkos wohnten schon über zwei Jahrzehnte in Wuppertal. Schon in der Heimat hatten sie Perserkatzen gezüchtet, vor ein paar Jahren waren dann die Schotten dazugekommen. Ihr Kater musste dem Sprüher während der Tat wohl stoisch in die Augen gesehen haben, denn der Farbklecks prangte mitten auf seiner Stirn. Alexandra hatte vor Wut geschäumt und ihn aufs Übelste beschimpft, als sie die pinken Flecken entdeckte.

Aber immerhin war Cherusker von Westfalen verschont geblieben, ein imposanter Norwegischer Waldkater, dessen Ausstellungskäfig sich nur wenige Meter entfernt von dem Käfig des Schotten befand. Seine Züchterin kam aus der Nachbarstadt Schwelm. Das wusste er, weil sie sich morgens bei ihm beschwert hatte. *Die Tische stehen viel zu dicht aneinander. Unzumutbar ist das. Und dafür bin ich nun extra aus Schwelm angereist!* Eine unangenehme Person mit keifender Stimme. Nicht auszudenken, wenn nach der weiten Reise von etwas mehr als elf Kilometern auch ihr Kater betroffen gewesen wäre.

Während Richter Sommer und seine Assistentin übellaunig ihr Equipment zusammenpackten, ließ sich Bernd erschöpft auf den angewärmten Stuhl des Katzenrichters plumpsen. Er war am Ende seiner nervlichen und körperlichen Kräfte und nahm dankbar die Küchenrolle an, die Sebi ihm reichte.

Rosa hatte sich derweil ebenfalls zur Bühne begeben. Sie sah Sebi am Richtertisch, hinter dem Bernd sich mit hochrotem Kopf auf einem der beiden Stühle niedergelassen hatte. Bernd stöhnte unentwegt und raufte sich sein kranzförmig gelichtetes Haupthaar.

»Eine Katastrophe«, hörte sie ihn klagen. »Ein Jahr Vorbereitung, die ganze Mühe, der ganze Aufwand. Hätte ich doch nur mehr Sicherheitspersonal eingesetzt. Jetzt ist alles für die Katz!«

Wo der Mann recht hatte, hatte er recht, dachte Rosa. Sebi versuchte natürlich, seinem ehemaligen Vorgesetzten gut zuzureden. »Nun mach dir bitte keine Vorwürfe, Bernd«, hörte sie ihn sagen. »Die Irren, die hier am Werke waren, hätten sich auch nicht durch ein größeres Aufgebot an Security von ihrer Sprühaktion abhalten lassen. Die Briefe boten nun wahrlich nicht genug Gefährdungsverdacht, um hier eine Hundertschaft herzubestellen.«

Aber Bernd jammerte unbeirrt weiter: »Dabei haben sie im dritten Brief doch verschlüsselt angedroht, was eingetreten ist: *Auf Ihrer Ausstellung werden keine Trophäen vergeben!* Ach herrje, da stehen sie alle, die schönen Pokale, und kein einziger wird heute ausgehändigt. Es ist genau das eingetreten, was diese Tierquäler prophezeit haben.«

Bei den letzten Worten wirkte der alte Herr dermaßen geknickt, dass Rosa Mitleid mit ihm empfand. Aber Selbstvorwürfe brachten nichts, nachher war man immer schlauer. Hätte, hätte, Fahrradkette. Wenn mehr Sicherheitskräfte in der Halle eingesetzt worden wären, hätten die Sprayer vielleicht nicht so viele Katzen erwischt. Aber egal, ob sie nur wenigen oder ein paar mehr einen bunten Look verpasst hätten – die betroffenen Katzen konnten nicht bewertet werden. Also hätte sich der faire Wettbewerb so oder so erledigt, eine Preisverleihung hätte in keinem Fall stattfinden können.

Rosa hatte sich schon differenzierte Gedanken zu dem Ganzen gemacht. Ihr war klar, dass natürlich niemand sie nach ihrer Meinung fragen würde. Es blieb ihr also nichts anderes übrig, als Sebi diese bei nächster Gelegenheit ungefragt mitzuteilen. Denn Tierquäler waren hier bestimmt nicht am Werk gewesen, ganz gewiss aber jemand, der oder die sich mit Katzen sowie der Ausstellungs- und Züchterszene auskannte. Die Sprüher waren darauf bedacht gewesen, die Tiere nicht zu verschrecken oder gar zu verletzen. Abgesehen von diesem fast ohrenlosen Kater hatten die Tiere wahrscheinlich gar nichts bemerkt. Und selbst der Ohrenlose war nicht in Panik verfallen. Die Farbe war auf seiner Stirn und nicht in seinen Augen gelandet. Wer auch immer mit der Sprühflasche am Werk gewesen war, hatte den Katzen nichts Böses gewollt. Und darum würde sich bei der Farbuntersuchung im Labor bestimmt herausstellen, dass es sich um ungiftige Lebensmittelfarben handelte. Darauf verwettete sie jeden Zentimeter ihres Hinterteils. Die Tiere sollten keinen Schaden nehmen, und die Täter wussten mit Sicherheit, dass Katzen sich das Fell gründlich sauber leckten und dank ihrer Gelenkigkeit mit der Zunge auch an schlecht erreichbare Stellen am Rücken kamen. Also durften die Farben selbstverständlich kein Gift enthalten.

Was das Motiv anbelangte, tappte sie allerdings ebenso wie Sebi, Bernd und die inzwischen ausschwärmenden und die Lage sondierenden Polizisten im Dunklen. Doch das war ihr relativ egal. Den Fall sollten andere lösen, zur Aufklärung konnten weder sie noch Sebi etwas beitragen. Denn sie beide würden sich noch heute ausklinken und ab morgen ihren gemeinsamen Urlaub genießen. Rosa war gespannt auf seine Reaktion, wenn er die Neuigkeiten erfuhr. Vielleicht würde daraufhin in diesem Jahr der Heiratsantrag ausfallen, aber man musste Prioritäten im Leben setzen. Eine lange Wattwanderung wäre gut geeignet, um ihn über diese Prioritäten zu informieren. Am besten die geführte Tour von Dangast zum Leuchtturm Angarst. Mit Hin- und Rückweg hätte Sebi rund sechseinhalb Stunden Zeit, sich mit den vollendeten Tatsachen, die sie heute geschaffen hatte, wohlwollend zu arrangieren. Möglicherweise würden ihn die wunderbare Weite und Stille des Wattenmeeres milde stimmen. Und andernfalls: Eine Fluchtmöglichkeit gab es nicht mehr, wenn sie erst einmal den Deich und die Salzwiese hinter sich gelassen und das schwer zu durchwatende Watt erreicht hatten. Am Jadebusen war alles möglich, sogar ein im tiefen Schlick vor ihr kniender Ex-Ehemann, der sich bereit erklärte, in Zukunft für die Streichung des Ex einige Zugeständnisse zu machen. Zum anschließenden Säubern von Schuhen, Füßen und Knien standen am Dangaster Badestrand genügend Freiluftduschen bereit.

Zwei Stunden später stärkte Sebi sich in der Küche mit Salamibrötchen und einem weiteren schlechten Kaffee, den er nur des Koffeins wegen in sich hineinkippte. Rosa hatte sich inzwischen auf den Heimweg begeben, so wie auch meisten anderen Gäste und alle nicht betroffenen Züchterinnen. Ihm war von vornherein klar gewesen, dass er von der polizeilichen Aufklärungsarbeit bei dieser Art der Sachbeschädigung nicht viel erwarten durfte. Zwar war die Rechtsstellung von Tieren verbessert worden und es gab einen Paragrafen, dass Tiere keine Sachen seien. Doch die Realität sah anders aus. Auf Tiere waren dieselben Vorschriften anzuwenden, die für Sachen galten. Eigentümer verletzter Tiere konnten theoretisch einen Schadensersatzanspruch geltend machen – aber im Grunde war hier kein Tier verletzt worden oder zu Schaden gekommen.

Entsprechend unmotiviert hatten die Beamten Befragungen durchgeführt und Personalien aufgenommen. Die Hände der anwesenden Personen waren auf Farbspuren kontrolliert worden, ohne Erfolg. Lediglich die Züchterinnen der bunten Katzen hatten Farbe an den Fingern gehabt. Verwertbare Hinweise waren nicht eingegangen. Niemand hatte etwas Auffälliges beobachtet. Die Briefe waren nun doch offiziell an die Polizei übergeben worden, nun würde alles seinen gemächlichen Gang gehen. Wenn keine neuen Erkenntnisse hinzukämen, würde man die Ermittlungen irgendwann einstellen. Bernd würde sich von dem Schock erholen. Es war allerdings eher unwahrscheinlich, dass er noch einmal eine Katzenausstellung auf die Beine stellen würde.

Sebi selbst konnte gut auf einen neuerlichen Einsatz dieser Art verzichten, denn auch ohne nachgewiesene Allergie hatte er das Gefühl, dass die Katzenhaare seine Atemwege reizten und bereits durch die Kleidung an jede nur erdenkliche Stelle seines Körpers vorgedrungen waren, wo sie nun unangenehm auf der Haut kitzelten.

Für ihn war die Sache also erledigt. Er würde es nun Rosa gleichtun, die Stätte des Unheils verlassen und nach Hause fahren. Dann duschen und etwas Feines für zwei kochen. Da Rosa im Urlaub Diät halten wollte, hatte sie seine Einladung zum Essen mit den Worten angenommen, die letzte Gelegenheit zum Schlemmen könne sie natürlich nicht ausschlagen. Er dachte an zarte Rinderhüftsteaks mit cremiger Rhabarber-Rosé-Soße. Rosa liebte Rhabarber – und er liebte Rosa. Er hatte nie aufgehört, sie zu lieben. Und er war immer guter Hoffnung gewesen: Irgendwann würde sie einsehen, dass auch sie ihn immer noch liebte. In letzter Zeit zeichnete sich bei ihr deutlich spürbar ein Sinneswandel ab. Sein Prachtweib wurde weich, nach neun Jahren, in denen sie ihn mit einer unglaublichen Sturheit auf Abstand in ihrem Leben gehalten hatte. Es deutete alles darauf hin, dass die von ihr unnachgiebig aufrechterhaltene Beziehung als Ex-Ehepaar bald mit ihrem Ja-Wort enden würde. Und so würde dieser Urlaub am Jadebusen hoffentlich der letzte mit unsinnigen Doppelausgaben für getrennte Anfahrt und getrennte Zimmer sein.

4
Jadebusen

Rosa hatte vor neun Jahren auf Empfehlung der Kurverwaltung zum ersten Mal Zimmer bei Frau Janssen gebucht. Seit dem frühen Hinscheiden ihres Mannes vermietete Wiebke Janssen im Kurort Dangast – nur zehn Gehminuten von Strand, Kurverwaltung und Meerwasserquellbad entfernt – gemütlich eingerichtete Ferienzimmer in ihrem schmucken Reethäuschen. Die Witwe war von Beruf Konditormeisterin, eine quirlige, stabile Frau mit roten Wangen und blonden Pudellöckchen. Für ihre fünfundsechzig Jahre besaß sie jede Menge Energie und betrieb zusätzlich das kleine Privatrestaurant *Zum Jadebusen*. Dieses befand sich in ihrem ehemaligen Wohn- und Esszimmer. Morgens diente es als Frühstücksraum mit Sonnenterrasse, abends stand es für romantische Candle-Light-Dinner zur Verfügung. Inzwischen gehörten Rosa und Sebi zu den Stammgästen. Was sie und viele andere immer wieder herlockte, war die zentrale Lage, der günstige Preis – und die hauseigene Patisserie. Frau Janssens Teegebäck hatte ein ebenso hohes Suchtpotenzial wie der Rhabarberkuchen im alten Kurhaus.

Um in den Genuss der Unterkunft und des Teegebäcks zu kommen, musste man allerdings die Redseligkeit und Neugier in Kauf nehmen, mit der Witwe Janssen ihre Gäste beglückte. Ungefragt vertraute sie jedem alle möglichen Details ihres Lebens an. Hinnerks plötzlicher Tod nach einem Herzinfarkt, der Umbau des Wohnhauses zum Feriendomizil, die beiden Söhne, die ihr bei den Bauarbeiten noch geholfen und sich dann nacheinander vom Acker gemacht hatten. Jörn, der Ältere, lebte in den Niederlanden, Jens in Kanada. Nach eigenem Bekunden besuchten ihre Gäste sie regelmäßiger als der Nachwuchs. Wahrscheinlich war das der Grund dafür, dass sie so regen Anteil am Leben der Menschen nahm, die sie beherbergte. Im Gegenzug für ihre Mitteilsamkeit erwartete sie aber, auch deren Lebensgeschichten zu erfahren. Wer wie Rosa und Sebi nichts preisgeben wollte, wurde völlig unverblümt ausgefragt.

Herr Fink, sagen Sie mal, warum reisen Sie eigentlich nicht gemeinsam an, sondern jeder für sich? Das ist gar nicht gut für die Umwelt.

Frau Fink, Ihr Mann schnarcht bestimmt? Mein Hinnerk, Gott hab ihn selig, hat nachts ganze Wälder abgesägt. Wahrscheinlich schlafen Sie deswegen nicht im Doppelzimmer, sondern buchen zwei Einzelzimmer?

Ihr blieb auch gewiss nicht verborgen, dass eins von den breiten Komfortbetten in den Einzelzimmern des Öfteren nachts unberührt blieb. Darüber würde Zimmermädchen Agnes nur zu gern Bericht erstatten. Umso mehr hatte es Rosa und Sebi erheitert, dass es ihnen gelungen war, Frau Janssen jahrelang im Unklaren über ihr spezielles Verhältnis zueinander zu lassen. Sie hatte jede Menge beiläufig verpackte neugierige Erkundigungen und viele Gläser brennend heiß servierten und im Pfännchen gelöschten Friesengeist als Zungenlöser gebraucht, um herauszufinden, dass die Finks geschieden waren. Was sie immer noch nicht wusste, war der Grund für die Scheidung. Das wollte sie natürlich unbedingt in Erfahrung bringen. So hatte sie Rosa diesmal gleich zu Urlaubsbeginn abgepasst und geschmeichelt: »Der Herr Fink ist ja ein sehr ansehnlicher Mann! Diese breite

Brust zum Anlehnen, die würde mir auch gefallen, so etwas wünscht sich doch jede Frau. Wie schade, dass Sie sich haben scheiden lassen ... warum denn eigentlich?«

Da Rosa nicht wie gewünscht darauf eingegangen war, wurde tags darauf Sebi zur Seite genommen: »Sie beide geben so ein schönes, harmonisches Paar ab. Es ist mir unbegreiflich, warum Sie nicht mehr verheiratet sind. Ist denn die Scheidung wirklich notwendig gewesen?«

Nachdem keiner dieser Vorstöße erfolgreich gewesen war, konzentrierte sie sich darauf, Rosa von ihrer Diät abzubringen und führte als Argument an: »Männer bevorzugen doch weibliche Rundungen, auch mein verstorbener Hinnerk wusste die sehr an mir zu schätzen.«

»Ja ja, ist klar, Hauptsache, Mann hat was zum Anfassen«, schnaubte Rosa, als sie sich nach dem Frühstück für die Wattwanderung umzogen.

»Meine Rede«, bestätigte Sebi grinsend und erntete einen finsteren Blick.

»Übrigens hatte ihr Hinnerk zu Lebzeiten auch ein Faible für das Schachspiel.«

»Die Frau wird mir langsam unheimlich. Sie weiß, dass du Schach spielst? Wie ist sie denn darauf gekommen?«, wunderte sich Rosa.

»Sie hat sich nach meinen Hobbys erkundigt.«

»Lass dich nur weiter ausquetschen! Dann dauert es nicht mehr lange, bis sie fragt, ob wir nicht bald mal einen Urlaub mit der ganzen Familie machen.«

Sebi hielt dagegen. »Du vergisst anscheinend, wie ausführlich du ihr eben von der Katzenausstellung und dem tierischen Familienzuwachs erzählt hast.«

Das hatte Rosa wirklich getan, aber nur, um Frau Janssens Vortrag über unnütze Diäten zu unterbrechen. Ob sie denn wirklich nichts essen wollte? Man sollte doch frühstücken wie ein König und sich für den Tag stärken. Vor allem, wenn ein Ausflug zum Leuchtturm anstand. Obwohl Rosas

Magen schrecklich knurrte, während Sebi genüsslich seine dritte Scheibe Schwarzbrot verzehrte, gab sie sich Mühe, Frau Janssen das ebenso einfache wie wirkungsvolle Prinzip des Intervallfastens zu veranschaulichen. »Ich darf ganz normal essen und mir sogar Kuchen und Gebäck gönnen. Das ist ja das Tolle daran, ich muss gar keine Diät halten. In einem Zeitraum von acht Stunden zwischen mittags und abends ist alles erlaubt. In den anderen sechzehn Stunden wird gefastet. Das ist leicht machbar, weil ja auch die Schlafstunden als Fastenzeit zählen.«

»Tanterlatant!«, lautete Frau Janssens knapper Kommentar, der ins Hochdeutsche übersetzt Blödsinn bedeutete.

Um es ihr heimzuzahlen, hatte sie dann in epischer Breite die Rassestandards der Britisch Kurzhaar Katzen aufgezählt und sich daran erfreut, dass Frau Janssen zunehmend unruhiger hin und her tippelte. »Die Britenbärchen haben einen breiten, rundlichen Kopf, ein kräftiges Kinn und ein kurzes Näschen. Aber die Nase ist nicht so platt wie bei den Persern. Die Augen sind groß und rund, richtig süße Kulleraugen zum Verlieben.«

Frau Janssen knetete ihre Kittelschürze und versuchte offensichtlich aus Höflichkeit, so zu tun, als hörte sie genau zu.

»Die Augenfarbe variiert je nach Fell – die blauen Briten haben bernsteinfarbene Augen, aber es gibt auch Briten mit grünen, blaugrünen, blauen oder sogar verschiedenfarbigen Augen.«

Sebi hatte abgeschaltet und schlürfte mit geschlossenen Lidern seinen Kaffee. Frau Janssen machte Anstalten, sich in die Küche zurückzuziehen, doch Rosa war noch nicht fertig.

»Wie der Name schon sagt, ist das Fell kurz. Doch durch die ausgeprägte Unterwolle wirkt es sehr dicht und steht etwas ab. Es ist griffig und hat eine schöne weiche Textur.« Ohne Pause kam Rosa zur Schwanzstruktur. »Im Rassestandard ist auch beschrieben, wie der Schwanz auszusehen hat.

Er soll kurz und möglichst dick sein und eine abgerundete Spitze haben.«

Frau Janssens Gesichtsausdruck sprach Bände, dies war mehr, als sie ertragen konnte. Sebi, der beim Schwanz-Exkurs seine Augen wieder geöffnet hatte, erlöste sie, indem er fragte, ob sie so nett sei, ihm noch eine Tasse Kaffee zu bringen.

Rosa begnügte sich mit Friesentee pur – ohne Sahnewolke und Kluntje. Den Hinweg zum Arngaster Leuchtturm würde sie auch nüchtern schaffen, und am Ziel gab's dann die erste Mahlzeit des Tages. Der Wattläufer, der die kleine Gruppe vom Treffpunkt Campingplatz aus bei Ebbe durchs Watt führen wollte, hatte empfohlen, reichlich Proviant mitzunehmen.

Die Wanderung war wohl kräftezehrend. Wenn man nicht aufpasste, sank man bis übers Knie im Schlick ein. Nun ja, zur Not konnten sie den Rückweg mit der *Etta von Dangast* antreten. Das Schiff holte häufig müde Wandersleute vom Leuchtturm ab, hatte Frau Janssen zu berichten gewusst. Dabei hatte sie wie beiläufig eingeflochten, dass man auf der Etta auch den Hafen der Ehe ansteuern könne. Warum eigentlich nicht? Wenn Sebi sie fragte – sie war zu allem bereit.

»Du hast das nicht wirklich getan!« Sebi kam vor lauter Entsetzen aus dem Tritt, passte einen Moment lang nicht auf und schon versank sein rechter Fuß so tief im Schlick, dass es ihm beim Versuch, das Bein mit einem Ruck zu befreien, den Schuh auszog. Er wusste nicht, was ihm gerade mehr zusetzte: die Tücke des Watts oder Rosas Tücke, ihm eine solche Information gerade jetzt zu übermitteln.

Auch Rosas Wadenmuskulatur war arg strapaziert, außerdem rächte es sich, dass sie ihre Kondition in den letzten Jahren vernachlässigt und diätbedingt nicht gefrühstückt hatte. Nachdem nun der Deich und die Salzwiesen hinter ihnen lagen, mussten sie das Schlickwatt durchwaten, eine recht ermattende Angelegenheit, zumal der Wattführer ein strammes Tempo vorlegte. Aber sie war dennoch bester Laune, denn nach nur fünf Intervallfastentagen zeigte die Waage schon drei Kilo weniger an. Die beschwingte Stimmung hatte sie dazu inspiriert, Sebi zu danken. Ja, sie war ihm im Nachhinein sehr dankbar dafür, seinetwegen den Urlaub erst mit etwas Verspätung angetreten, die Katzenausstellung besucht und zwei Britenbärchen bei Monika Müller reserviert zu haben. Die Katzenbabys waren allerdings noch nicht mal gezeugt. Das versuchte sie ihm jetzt klarzumachen.

»Doch, das habe ich, und das ist absolut üblich! Die Züchter planen immer weit im Voraus. Wer zuerst kommt, mahlt zuerst. Du hast es ja selbst gehört, die Kitten von Luna aus dem B-Wurf waren alle längst vergeben. Aber sobald La Belle das nächste Mal rollig wird, bekommt sie Katerbesuch. Als wir uns darüber unterhielten, sperrten sofort noch zwei Interessenten die Ohren auf. Die haben dann auch direkt Kitten aus dem C-Wurf reservieren wollen. Aber ich war die Erste und habe Vorrang vor den anderen – man weiß ja nicht, wie viele Kitten La Belle bekommt. Wenn alles klappt, werden ungefähr zwei Monate nach der Zusammenkunft mit dem Kater die Babys geboren. Und dann heißt es noch mal lange zwölf Wochen warten, bis die beiden süßen Zuckerschnuten endlich bei mir einziehen können.«

»Gleich ZWEI?!« Das wurde ja immer schlimmer. Sebi wünschte sich eine Sekunde lang, nicht nur bis zum Knie, sondern kopfüber im Schlick zu versinken, nur um Rosas verzückte Miene nicht mehr sehen und ihre fröhliche Stimme nicht mehr hören zu müssen. Er tastete nach seinem Wanderschuh und befreite ihn schließlich mit einiger Mühe. So viel zu angeblich bombenfest sitzendem Schuhwerk. Er schaute zum Leuchtturm, der immer noch weit entfernt vor ihnen aufragte, und bemerkte dabei, dass sie fast zweihundert Meter hinter dem kernigen Wanderführer Enke und der Gruppe zurücklagen. Enke gab ihm ein Handzeichen. Sie sollten aufschließen. Richtig, sie mussten rechtzeitig am Leuchtturm sein, damit ihnen die Flut nicht den Rückweg abschnitt.

»Freust du dich denn gar nicht?«, fragte Rosa scheinheilig.

Eine Antwort erübrigte sich da wohl. Stattdessen entledigte Sebi sich auch seines zweiten Schuhs und stapfte wortlos in Socken weiter, darauf hoffend, dass er nicht auf eine der scharfkantigen Pfeffermuscheln träte, die hier überall herumlagen. Während er vorsichtig vorausging, kam ihm eine Erleuchtung. Ab sofort würde er sein Missfallen verbergen und lieber an ihre Vernunft appellieren. Noch war das Kind nicht in den Brunnen gefallen, die Katzen nicht mal geboren, und mit den richtigen Argumenten könnte er sicher noch etwas erreichen. Er sprang über eine große Wasserlache, wandte sich zu Rosa um, und reichte ihr zuvorkommend seine Hand. Sie nahm die Hilfe an und er schenkte ihr ein versöhnliches Lächeln.

»Doch, natürlich freue ich mich mit dir. Aber warum denn gleich zwei? Ich habe mitbekommen, wie viel die kosten. Im Doppelpack eine vierstellige Summe! Und das, nachdem die Buchhandlung deine Stelle auf Teilzeit runtergefahren hat. Du sagst doch selbst immer, dass du gerade so über die Runden kommst.«

»Ja, aber ich lebe sparsam und auf meinem Konto sieht es gut aus. Ich habe ja den Nebenjob in der Bibliothek«, sagte Rosa. Dann klärte sie ihn auf, dass Monika die Kätzchen grundsätzlich nur zu zweit abgebe, einzeln nur, wenn sie in einen Haushalt einzögen, wo es bereits Katzengesellschaft gebe. Sie hätte es damit begründet, dass die Kleinen unbedingt Artgenossen zum Spielen bräuchten, das sei wichtig für ihre Entwicklung.

»Ja, wenn das so ist.« Sebi gab sich ganz gelassen und ging zum nächsten Einwand über. »Ich bin mir nur nicht sicher, ob du dir das in aller Konsequenz überlegt hast. Doppelte Verantwortung, und das so lange! Soweit ich weiß, können Katzen zwanzig Jahre alt werden. Schatz, es mag etwas uncharmant klingen, aber wenn sie in die ewigen Jagdgründe eingehen, bist du schon in Rente. Und Himmel hilf, ich werde über siebzig sein. Davon mal ganz abgesehen, was ist mit Reisen? Einen Hund könnte man vielleicht mitnehmen. Aber Katzen?«

Rosa hielt sich an seiner Seite. Sie kamen nun einigermaßen zügig voran. »Selbstverständlich habe ich das alles bedacht«, beteuerte sie. »Älter werde ich mit oder ohne Katzen. Du übrigens auch. Was das Verreisen anbelangt, stellen sich Nicole und Silke bestimmt liebend gern als Katzensitterinnen zur Verfügung. Und deine Frieda wird absolut begeistert sein. Also ehrlich, ich sehe da keine Probleme.«

Allmählich gingen Sebi die Argumente aus. Ihre zwei besten Freundinnen zum Katzenhüten, sein Töchterchen, das vor Entzücken kreischen würde – dagegen kam er nicht an. Aber es blieb dabei, die Kitten waren erst in Planung. Da floss noch viel Wasser die Wupper hinunter und es konnte allerhand schiefgehen. Vielleicht ließ die Katze den Kater nicht ran. Oder der Deckakt war nicht erfolgreich, auch das sollte vorkommen. Er würde nun einfach abwarten und positiv denken.

Rosa sah Sebi misstrauisch von der Seite an. Sie hatte mit vehementer Ablehnung gerechnet. Doch er wirkte erstaunlich zahm, fast so, als hätte er sich schon mit dem Gedanken an unerwünschten Familienzuwachs abgefunden. Konnte der Grund dafür sein, dass sich für ihn zwischen ihnen etwas Grundlegendes verändert hatte? Vielleicht war er es leid, immer wieder von ihr abgewiesen zu werden, und wollte aufgeben? Sich neu orientieren. Hatte er vielleicht eine andere? Dann könnte ihm die Sache mit den Katzen egal sein. Die stille Weite des Wattenmeeres schlug ihr urplötzlich aufs Gemüt. Sie gestand es sich nicht gern ein, aber allein die Vorstellung, dass Sebi diesmal nicht mit ihr nach Dangast gefahren war, um sie zur erneuten Heirat zu überreden, sondern um die Beziehung zu beenden, nahm sie doch mit. So sehr, dass sie plötzlich spürte, wie entsetzlich hungrig sie war.

»Rosa? Du bist kreideweiß! Was ist los?«, hörte sie Sebi besorgt fragen.

»Mein Kreislauf. Und mein Magen. Ich muss dringend etwas essen.«

Es war zwar noch zwei Stunden zu früh, aber sei's drum.

Sebi kramte in seinem monströsen Wanderrucksack und reichte Rosa ein Brötchen mit Räucherlachs und Meerrettich. Das half gegen den ärgsten Hunger. Danach verdrückte sie im Gehen noch ein Käsebrot und mehrere Friesenkekse aus Wiebkes Backstube.

Als sie endlich die Buhne am Leuchtturm erreichten und eine Pause einlegen konnten, hatte Rosa ihr kleines Tief überwunden. Dafür hing nun Sebi durch. Er klagte über einen schmerzenden Knöchel, und als er ihr den Fuß entgegenstreckte, war der Bereich um den Knöchel herum ordentlich angeschwollen. Wattführer Enke empfahl ihm dringend, mit der Etta von Dangast zurückzufahren, und Rosa schloss sich nur zu gern an. Eine gemütliche Schiffsfahrt zog sie einem nochmaligen Gewaltmarsch durchs Watt bei Weitem vor. Außerdem wäre es doppelt vorteilhaft, früher aufs Zimmer zurückzukehren.

Zum einen war hier draußen der Handyempfang so schlecht, dass sie keine Nachrichten empfangen konnte. Sie hätte zu gern gewusst, ob vielleicht schon Kater Maurice d'Artagnan die Katzendame seines Herzens besuchte. Monika hatte angedeutet, dass es an diesem oder am nächsten Wochenende so weit sein könne. Normalerweise war es wohl üblich, dass die Katzendamen zum Kater gebracht wurden, wenn sie rollig waren. In einer ihnen fremden Umgebung gingen sie eher auf Annäherungsversuche ein, während die Kater wiederum in der ihnen vertrauten Umgebung überzeugender zur Tat schritten. Aber Maurice war ein erfahrener Vollprofi, und sein Besitzer hatte sich bereit erklärt, den Kater zur Züchterin zu bringen. Monika hatte extra den Wintergarten zweckentfremdet und für Kater und Katze darin ein abgeschiedenes, mit Kratzbäumen und kuscheligen Rückzugsmöglichkeiten ausgestattetes Flitterwochen-Refugium eingerichtet. Darin sollte die Romantik ihren natürlichen Lauf nehmen.

Zum anderen freute sich Rosa auch schon sehr auf das Candle-Light-Dinner. Es war sicher besser, wenn Sebi und sie sich im Watt nicht völlig verausgabten. Ein wenig Restenergie brauchten sie unbedingt nach dem kuscheligen Essen bei Kerzenschein.

5
Liebesleben

Thilo Nowak goss zwei Esslöffel lauwarmen Kochsud über die frisch gegarte und kleingezupfte Bio-Hühnchenbrust. Mit dem gefüllten Napf machte er sich auf den Weg zum Gartenhäuschen, das Maurice bewohnte. Kaum hatte er die Tür geöffnet, stieg ihm der strenge Duft in die Nase, mit dem der Deckkater sein Revier zu markieren pflegte. Die Haltung eines potenten Katers bedeutete für das menschliche Riechorgan eine extreme Zumutung. Des bestialischen Gestanks wegen hatte er Maurice seit einem Jahr outgesourct, verbrachte aber täglich viel Zeit mit ihm. Nur ein glücklicher Kater war ein guter Deckkater. Also hielt er ihn mit Streicheleinheiten und Leckerchen bei Laune, denn Maurices Lendenkraft war in der Kombination mit Stammbaum und Championtitel durchaus einträglich. Durch regelmäßige Samenspenden des Katers ließ sich ein erkleckliches Nebeneinkommen erzielen.

Maurice hob den Schwanz und strich ihm vorfreudig schnurrend um die Beine. Thilo stellte fest, dass der Kater trotz der exquisiten Kost, die er ihm anbot, leider weiter abgenommen hatte. Zusätzlich zum Trockenfutter in feinster Qualität bekam Maurice dreimal pro Woche Geflügel im

Wechsel mit Steakstreifen vom Weiderind. Außerdem jeden Sonntag ein gekochtes Bio-Ei, manchmal auch eine Portion Thunfisch und zusätzlich besonders nahrhafte Spezialmilch. Doch er war trotzdem zu dünn geworden. Die vielen rolligen Damen, die ihn in den letzten Monaten besucht hatten, zehrten an der Substanz. Ja, das katzentypische Liebesspiel kostete Zeit und Energie. Der Kater musste die Katze, die ihn zunächst anfauchte und sich verweigerte, unermüdlich umwerben – und darüber vergaßen beide das Fressen. Wenn Maurice vom nächsten Rendezvous zurückkehrte, brauchte er dringend Schonung, damit der Gute nicht vom Fleisch fiel. Thilo versorgte Maurice mit Futter, Wasser und der menschlichen Zuwendung, nach der er dringend verlangte, und trottete dann zurück ins morsche Fachwerkhaus, das er günstig gemietet hatte. Er nahm den Laptop mit aufs Sofa und loggte sich in seinen Kleinanzeigen-Account ein, um die Annonce für Maurices Dienste zu deaktivieren.

Reinrassiger BKH Deckkater – European Champion – Farbe Blau – Blutgruppe A

Hallo, werte Katzendamen!
Ich bin der erfahrene Britenbär Maurice d'Artagnan und habe wieder Termine frei. Bereits mehrfach durfte ich erfolgreich für wunderschöne kerngesunde Kitten sorgen. Natürlich werde ich regelmäßig tierärztlich untersucht, bin geimpft (Impfausweis); bin auf Katzen-Aids (FIV) sowie andere Viruserkrankungen (FeLV, FCoV) negativ getestet und topfit. Ich habe einen lieben Charakter, bin anhänglich, verschmust, gut sozialisiert und freue mich auf Besuch von gesunden, rolligen Rassekatzen. Interessierte Damen sollten mindestens 3 Tage bei mir bleiben. Falls es beim ersten Mal nicht klappt, versuchen wir es gern nach etwa 6–8 Wochen kostenlos ein zweites Mal. Habe ich euer

Interesse geweckt? Dann bitte bei meinem Dosenöffner melden. Er beantwortet euch alle weiteren Fragen.

PS: Deckgebühr 100 €
Die Zahlung erfolgt bar direkt vor Ort, Festpreis, keine Verhandlungsbasis!

Mit einem Klick war es geschafft: Maurice konnte sich bald erholen. An diesem Wochenende standen allerdings noch die Flittertage bei Adèle La Belle vom Blauen Berg an. Sie würde für drei oder vier Monate die letzte blaue Britin sein, mit der er Maurice zusammenbrachte. Monika Müller, die Züchterin, hatte unsinnigerweise darauf bestanden, dass der Kater ihre Katze besuchte und nicht umgekehrt. Alle Versuche, ihr das auszureden, waren fehlgeschlagen. Sie wollte La Belle keinesfalls in fremde Hände geben, mit der Begründung, das Tier sei so zartbesaitet. Schließlich hatte er sich auf das ungewöhnliche und wenig zielführende Arrangement eingelassen, hauptsächlich, weil Monika so hübsch war. Und Single! Sie hatte ihm erzählt, dass sie sich mit ihrer Schwester Jessica und deren Sohn Nick ein Haus teile. Nach dem Tod des Vaters sei die Mutter in eine seniorengerechte Eigentumswohnung gezogen und habe den Töchtern das Elternhaus im noblen Zooviertel schon zu Lebzeiten in Form einer Schenkung vermacht. Da bot es sich geradezu an, die Gelegenheit beim Schopf zu packen und selbst ebenfalls auf Freiersfüßen zu wandeln.

Thilo fläzte sich in die Polster des verschlissenen, mit dunkelgrünem Breitcord bezogenen Sofas und legte die Füße auf den Couchtisch. Kurze Zeit später fielen ihm die Augen zu. Er döste weg und träumte von Monika. Ein sehr romantischer Traum, denn sie beide waren darin ein glückliches Paar. Als er nach dem Nickerchen die Augen wieder aufschlug, wirkte die Fantasie nach. Lange schon sehnte er sich nach einer Frau an seiner Seite. Seine letzte weibliche Bekanntschaft hatte von ihm verlangt, sich zwischen ihr und dem Kater zu entscheiden. Das würde Monika, die seine Liebe zu Katzen teilte, niemals fordern. Sie könnte die Richtige für ihn sein.

Maurice war in diesem Fall seine Chance, sozusagen das Ass im Ärmel. Denn Thilo gab sich keinen Illusionen hin: Ohne Kater würde ihn eine attraktive Lady wie Monika wohl kaum beachten. Er lebte nicht freiwillig allein, sondern weil Frauen ihn gern übersahen und er selten in die engere Wahl kam. Er war klein und schmächtig. Trotz seiner noch nicht mal vierzig Jahre begannen sich seine rötlichen Haare auf dem Kopf bereits zu lichten. Was aber noch schlimmer war: Er war keine gute Partie. Finanziell kam er mit seinem Lohn als Fachkraft für Lagerlogistik so gerade eben über die Runden, sein Girokonto war immer im Minus. Maurice sorgte zwar als Deckkater für einen regelmäßigen Zuverdienst, aber ein Teil des Geldes ging direkt für sein hochwertiges Futter drauf. Mit dem, was übrig blieb, tilgte er Schulden aus einer Zeit, in der er jede freie Minute in Spielhallen verbracht hatte. Was Monika anbelangte, musste er also darauf hoffen, dass Maurice und La Belle sich Zeit ließen. Zeit, die er dazu nutzen konnte, sie von seinen inneren Werten zu überzeugen.

Die Weichen waren gestellt, denn was den Nachwuchs anbelangte: Der erste Versuch mit Maurice und La Belle würde fehlschlagen. Davon ging er ziemlich sicher aus, weil sein Kater nun mal in der Gartenlaube am besten decken konnte. Wie in der Anzeige versprochen, würde er aber einen kostenlosen zweiten Termin anbieten und während der Wochen des Wartens auf die nächste Rolligkeit mit Monika in Kontakt bleiben. Bei Fachgesprächen über Katzenzucht konnte er sich von seiner besten Seite zeigen und hoffentlich ihr Herz gewinnen.

Ungeduldig zog er das Handy aus der Hosentasche und schaute nach, ob Monika den Termin endlich bestätigt hatte. Es war noch keine Nachricht von ihr eingegangen. Nach kurzem Zögern rief er sie an. Schließlich musste er wissen, ob er die 100 Euro Deckgebühr für dieses Wochenende fest einplanen konnte, was ihm sehr gelegen käme.

Das Smartphone gab durchdringende Miau-Töne von sich. Monika hätte den Klingelton trotzdem beinahe nicht wahrgenommen, denn La Belle schrie noch lauter – und das seit letzter Nacht fast ununterbrochen. Dazu rollte sie sich von einer Seite zur anderen und reckte ihr Hinterteil immer wieder einladend empor. Als das Handy-Miauen schließlich doch zu Monika durchdrang und sie sah, wer sie so penetrant ausdauernd bei ihrer nachmittäglichen Siesta störte, musste sie das Gespräch wohl oder übel annehmen.

»Hallo, Herr Nowak«, meldete sie sich. »Sie sind mir zuvorgekommen, ich hätte Sie auch gleich kontaktiert. La Belle ist in Stimmung, wie Sie wahrscheinlich im Hintergrund hören!«

Herr Nowak ließ ein meckerndes Lachen ertönen. »Ja, das klingt, als wäre sie bereit für ein Rendezvous. Soll ich meinen Maurice Samstagvormittag bei Ihnen vorbeibringen? Dann könnte er das ganze Wochenende flittern. Das müsste reichen.«

»Mir wäre es ganz recht, wenn er auch den Montag noch bliebe. So steigen vielleicht die Chancen, dass es wunschgemäß verläuft.«

Nowaks Ziegenbocklachen verursachte ihr eine Gänsehaut der unangenehmen Art. Aber er ließ sich darauf ein, den Kater erst am Montagabend wieder abzuholen.

»Ist denn Ihr Wintergarten jetzt bezugsfertig für die beiden?«, erkundigte er sich. »Es wäre von Vorteil, wenn die beiden absolute Ruhe hätten. Keine Störungen, vor allem nicht durch andere Katzen. Da achten Sie bitte drauf?!«

Monika bejahte, verabschiedete sich höflich bis morgen – und ärgerte sich insgeheim. Was für ein nerviger Typ! Der tat so, als hätte er die Weisheit mit Löffeln gefressen. Beim Gedanken an den Besuch bei ihm und seine schmachtenden Blicke gruselte es sie immer noch. Er wohnte in einem winzigen, baufälligen Häuschen mit extrem niedrigen Decken, in dem es muffig roch, was aber nicht an dem Kater lag. Den hatte Nowak nämlich im *Gartenhaus* untergebracht, das in ihren Augen allerdings eher die Bezeichnung Schuppen verdiente. Immerhin schien er gut für Maurice zu sorgen, und der Stammbaum, den er ihr präsentiert hatte, bewies, dass sein Kater genetisch allererste Sahne war – quasi ein Garant für typvollen blauen Nachwuchs. Was man von seinem Besitzer wohl kaum behaupten konnte. Wäre Nowak so eine Sahneschnitte wie dieser Sebi Fink gewesen, hätte sie ihn wohl kaum von der Bettkante gestoßen. Das war ein staatser Kerl, wie sie als gebürtige Rheinländerin zu sagen pflegte. Aber das Schicksal meinte es in Sachen Männerbekanntschaften offenbar nicht gut mit ihr. Sebi war leider schon an seine Rosa vergeben und Nowak zwar allem Anschein nach ledig, hatte aber außer seinem Kater leider keine weiteren Vorzüge. Wenn jemand ausgebeulte grüne Cordhosen passend zur speckigen Couch trug, sagte das ja eigentlich schon alles.

Wahrscheinlich war er von Beruf Lehrer, so wie er sich benahm. Sie war doch keine blutige Anfängerin in Sachen Katzenzucht mehr. Immerhin plante sie schon den dritten Wurf und wusste selbstredend, dass die Katzen bei der Paarung ungestört sein sollten. Ihr war auch klar, dass diese üblicherweise im Revier des Katers vollzogen wurde, aber sie brachte es einfach nicht übers Herz, ihrem Sensibelchen La Belle die Umquartierung in diesen düsteren Schuppen zuzumuten, fernab von menschlicher Gesellschaft. Dann war ihr die rettende Idee mit dem Wintergarten gekommen. Zu dem Raum hatten ihre Katzen während der Renovierung keinen Zugang mehr gehabt. Er eignete sich somit perfekt für den Deckakt, weil beide sich darin in einer ihnen unvertrauten Umgebung befanden. Sie konnte ein wachsames Auge auf alles haben, was hinter den geschlossenen Glastüren vor sich ging und zur Not einschreiten. Katzen waren wählerisch. Ihre Partner suchten sie sich am liebsten selbst aus. Es war möglich, dass Maurice ihrer La Belle nicht gefiel, und wenn er zu ruppig wurde, würde sie dazwischengehen.

Monika hoffte natürlich, dass die Natur ihren Lauf nahm und es mit dem Nachwuchs klappte! Die nette Rosa würde das sicher auch freuen. Und wenn La Belle so fruchtbar war wie ihre Mutter Luna, dann könnte sie noch dem Ehepaar und der reizenden älteren Dame positiven Bescheid geben, die auf der Ausstellung sehr interessiert gewesen waren und jeweils eine ihrer Visitenkarten eingesteckt hatten. Sie wollten sich erkundigen, ob La Belle nach dem Stelldichein mit Maurice trächtig war. Die Kitten waren schon vor der Zeugung reserviert – besser konnte es für die Cattery vom Blauen Berg nicht laufen.

Rosa saß mit Sebi an ihrem Stammplatz in Wiebkes urigem Wohnzimmer-Restaurant. Kerzenschein sorgte für eine schummrige Beleuchtung, der Nachtisch, eine sündhaft leckere friesische Teecreme mit Rum und Minze, für Seufzer der Begeisterung auf beiden Seiten des Tisches. Sebis Augen ruhten wohlgefällig auf ihr, das spürte sie genau. Sie schob es inzwischen auf die Diät, dass sie heute im Watt so zweiflerisch gewesen war, was Sebis Zuneigung anbelangte. Jede Diät, die sie im Laufe der vergangenen Jahre ausprobiert hatte, war daran gescheitert, dass sie schlechte Laune und starke Stimmungsschwankungen bekommen hatte. Ob Low-Carb-Diät, Mittelmeerdiät, angebliche Glücksdiät oder jetzt das Intervallfasten: So groß wie die Hoffnung auf dauerhaften Erfolg war, war hinterher der Frust. Und gebracht hatte das alles am Ende nur zusätzliche Pfunde. Sechs Tage reichten ihr, die letzte Urlaubswoche würde eine fastenfreie Genusswoche werden.

»Tut der Knöchel noch weh?«, fragte sie.

Er schüttelte den Kopf. »Nicht der Rede wert. War vielleicht nur eine Überlastung, verstaucht ist er bestimmt nicht. Aber sag mal, ich frage mich die ganze Zeit schon, ob das Kleid, das du trägst, neu ist? Steht dir fantastisch.«

Oh, er war im Süßholzraspel-Modus! Genau jetzt summte Rosas Handy in der Tasche. Sie holte es heraus und sah eine Nachricht von Monika, mit der sie während der Ausstellung Kontaktdaten auf WhatsApp ausgetauscht hatte.

Liebe Rosa, ich wollte nur kurz mitteilen, dass La Belle jetzt wie erwartet rollig ist und sie dieses Wochenende mit dem Kater zusammenkommt. In ungefähr drei Wochen weiß ich mehr. Schönen Urlaub und liebe Grüße, Monika ☺

»So, wie du in dich hinein lächelst, tippe ich auf etwas Erfreuliches ...?« Sebi sah sie fragend an.

»Ja, Monika hat geschrieben. Du weißt schon, die Züchterin vom Blauen Berg. An diesem Wochenende heißt es Daumen drücken für den Nachwuchs«, ließ Rosa Sebi an ihrem Glück teilhaben. An seiner Mimik ließ sich kein Widerwille erkennen. Fröhlich guckte er auch nicht, aber das wäre natürlich zu viel erwartet.

»Und wenn es nicht klappt, dann geht die Welt auch nicht unter. Du schaust dann einfach mal im Tierheim. Es müssen doch nicht unbedingt Blaublüter sein? Eine ganz normale Hauskatze ist genauso süß. Soweit ich weiß, sind das außerdem eher Einzelgänger, da müsstest du dir keine zwei anschaffen.«

Seine Antwort bewies Rosa, dass er sich zumindest grundsätzlich nicht mehr gegen das Katzenthema sträubte. Noch während sie darüber nachdachte, wie sie ihm erklären sollte, dass es seit der Katzenausstellung sehr wohl unbedingt die blauen Britenbären im Doppelpack sein mussten, kam Wiebke Janssen aus der Küche, um den Absacker zu servieren. Der war traditionell ihr krönendes Finale jedes Candle-Light-Dinners. Das Tablett mit drei Schnapsgläsern, drei Friesenpfännchen, einer Flasche Friesengeist und dem für die Zeremonie notwendigen Feuerzeug stand auf einem Teewagen mit Rollen, den sie bis an den Tisch schob. Damit hatte sich die traute Zweisamkeit fürs Erste erledigt, denn Wiebke begann umgehend mit dem Ritual. Sie stellte die drei Gläser schwungvoll auf den Tisch, füllte sie randvoll mit Schnaps und reichte ihnen dann ihre Pfännchen, bevor sie die hochprozentige Flüssigkeit anzündete. Dann setzte sie sich zu ihnen. Eine Minute lang betrachtete Rosa die fröhlich flackernde Flamme, bevor sie es Wiebke und Sebi nachtat, das Feuer mit dem Pfännchen löschte und ihr Glas erhob.

»Den Friesen zur Ehr, vom Friesengeist mehr!«, stimmte sie in den Trinkspruch ein, den sie in- und auswendig kannte.

Damit stürzten sie alle gleichzeitig die warme Flüssigkeit hinunter. Rosa liebte den Verdauungshelfer, auf den fast immer noch mindestens eine zweite Runde folgte, wenn sie so wie jetzt die letzten Gäste waren. Die Chefin gab ihrer Küchenhilfe ein Zeichen, schon mal mit dem Aufräumen zu beginnen.

»Ich hoffe, es war alles zu Ihrer Zufriedenheit?«, fragte sie, woraufhin Rosa nur nickte, weil Sebi das Reden übernahm. Alles sei vom Feinsten und einfach perfekt gewesen, vom Krabbensalat über das Kabeljaufilet im Kartoffelmantel an Senfbutterschaum bis zur Teecreme. Rosa beobachtete amüsiert, wie Frau Janssen an Sebis Lippen hing und sein Lob förmlich einsog.

»Da bin ich aber froh, Herr Fink. Ich bin immer ein bisschen nervös, wenn ich für Sie koche, weil Sie doch ein echter Feinschmecker sind.«

»Und Sie sind eine ganz wunderbare Köchin«, ließ Sebi im Brustton der Überzeugung vernehmen, woraufhin Wiebke Janssen geschmeichelt errötete und die Schnapsgläser erneut füllte.

Eine Stunde und drei Runden Friesengeist später hatte Rosa das Gefühl, der wissbegierigen Zimmerwirtin nun doch sämtliche Details ihres Lebens offenbart zu haben. Konnte es sein, dass sie und Sebi gerade nach allen Regeln der Kunst abgefüllt und ausgefragt worden waren? Gemeinsame Anfahrt, weil der Motor ihres *Fröschleins* merkwürdige Geräusche von sich gegeben hatte, damaliger Scheidungsgrund, aktuelles Liebesleben ... Frau Janssen war nun über alles informiert. An Sebis Seite, der die Schnäpse offenbar besser vertragen hatte, nahm Rosa Kurs auf die Zimmer. Sie hatte sich bei ihm untergehakt und war dankbar, dass er sie stützte, denn sie schwankte bedenklich.

»Zu dir oder zu mir?«, fragte sie kichernd, als sie zwischen den beiden Türen standen.

»Machen wir es uns heute Nacht bei mir gemagelk«, entschied Sebi kurzerhand.

»Gemagelk?«, wiederholte Rosa mit etwas schwerer Zunge.

»Hat Frau Janssen doch eben gesagt. *Jetzt machen Sie beide es sich aber mal gemagelk.* Gemütlich heißt das auf Friesisch. Bei mir, einverstanden, Schatz?«

In ihrem Zustand wäre Rosa mit allem einverstanden gewesen, Hauptsache, sie konnte zusammen mit Sebi sofort von der Senkrechten in die Waagerechte wechseln.

6
Katerjammer

Wie sich tags darauf herausstellte, hatte Sebi den Alkohol nur temporär besser weggesteckt als Rosa. Am Morgen danach wachte sie putzmunter auf. Ihm ging es hundsmiserabel, besonders seinem Schädel. Der kämpfte mit den schmerzhaft pochenden Spätfolgen. Damit nicht genug, plagte ihn auch wieder der Knöchel, was Rosas Meinung nach daran lag, dass der Alkohol keine betäubende Wirkung mehr entfaltete. Sebi blieb im Bett. Er bat mit kratziger Stimme darum, die Fensterläden zu schließen. Als das geschehen war, rollte er sich in Embryonalstellung zusammen und siechte vor sich hin. Ab und zu stöhnte er, um sich danach auf die andere Seite zu wälzen. Rosa legte ihm einen feuchtkalten Waschlappen auf die Stirn. Nachdem sie ihn auch noch mit Zwieback und Kamillentee versorgt hatte, kündigte sie an, den Kranken in seinem Elend nicht weiter stören zu wollen.

Es tat gut, dem abgedunkelten Raum zu entfliehen und allein nach Wilhelmshaven zu fahren. Zum einen ließ sich Sebis Jammern und Wehklagen kaum aushalten, zum anderen war es eine willkommene Gelegenheit, ohne lästige männliche Begleitung entspannt über die Marktstraße und durch das Einkaufscenter zu bummeln. Seit dem letzten Jahr hatte sich hier einiges verändert. Die Boutique *Nordisch Curvy* kannte sie noch nicht. Das sollte sich nun ändern, denn Rosa verbrachte darin über eine Stunde. In der großen Papiertüte, mit der sie den Laden schließlich verließ, befanden sich eine mintgrüne Blüten-Tunika mit Taillengürtel, eine schmale hellgraue Hose und ein korallenrotes, recht eng geschnittenes T-Shirt.

Dass sie diese Teile überhaupt mit in die Umkleidekabine genommen hatte, lag am Charme von Mister Nordisch Curvy. Vielleicht war es auch nur ein Angestellter. Auf jeden Fall besaß der Mann Verkaufstalent. Er hatte ihr unentgeltlich eine fachkundige Farb- und Stilberatung spendiert, während der sie ihn fasziniert betrachtet und an seinen Lippen gehangen hatte. Denn Mister Nordisch Curvy sah nicht nur wie Modedesigner Guido Maria Kretschmer aus, sondern ähnelte ihm auch in Stimme und Ausdrucksweise.

»Aber selbstverständlich können Sie einen Taillengürtel sehr gut tragen. Schauen Sie mal, Sie haben doch Taille – die dürfen, nein, die müssen Sie sogar zeigen. Dazu die schmal geschnittene Hose, ganz klassisch, perfekt. Und das T-Shirt, das tut was für Sie. Diese Farbe, wow! Wussten Sie, dass Korallenrot eine der wenigen kräftigeren Töne ist, die zu Ihrem Typ passen? Sie sind ein heller Frühlingstyp wie aus dem Bilderbuch: rotblonde Locken, zarter Teint mit Sommersprossen und einem goldenen Unterton. Und was den Schnitt betrifft, dieser figurbetonte curvy Look steht Ihnen wunderbar.«

Nein, sie hatte nicht gewusst, dass sie ein Frühlingstyp war. Um seinem Redeschwall ein Ende zu bereiten, war ihr keine andere Wahl geblieben, als kurzerhand alles zu kaufen. Mit Sebi im Nacken wäre der Einkauf sicher nicht annähernd so ergiebig gewesen, sinnierte Rosa bei einem Cappuccino im nächsten Café. Dazu gönnte sie sich ein Joghurt-Ananas-Törtchen zur Belohnung und fühlte sich dabei wie eine echte Shopping Queen. Das musste man dem friesischen Guido Maria lassen, er hatte ihr Selbstwertgefühl erheblich aufgemöbelt.

Als sie aus Wilhelmshaven zurückkehrte, ging es dem Patienten bereits etwas besser. Frau Janssen hatte ihm eine leicht verdauliche Brühe zubereitet und sich auch sonst ganz rührend um ihn gekümmert, wusste er zu berichten. Rosa meinte, neben reichlich Selbstmitleid auch einen unausgesprochenen Vorwurf herauszuhören. Männer!

Sonntag waren zwar Sebis Kopfschmerzen verschwunden, doch der Knöchel zickte weiterhin. Erst am Montag war er nach eigenem Bekunden von Kopf bis Fuß genesen und hungrig wie ein Bär. Frau Janssen hatte den Frühstückstisch reichhaltig gedeckt. Dabei hatte sie zum Frühstück, das wegen der fortgeschrittenen Uhrzeit eher ein Spätstück war, die ganze Bandbreite an Deftigem wie Süßem aufgefahren. Nachdem Sebi der Spezialkaffee aus besten Bohnen kredenzt worden war, fiel Rosa die Wahl schwer. Womit beginnen? Seit sie morgens wieder kräftig zulangte, konnte sie den Urlaub endlich rund um die Uhr genießen. Schließlich entschied sie sich für ein dick mit Butter und Honig bestrichenes Croissant. Göttlich, dachte sie, als sie hineinbiss. Nein, Fasten war nicht ihr Ding, weder mit noch ohne Intervalle.

»Hast du eigentlich inzwischen noch mal was von Ammermann gehört?«, erkundigte sie sich. »Die Ergebnisse der Laboruntersuchungen müssten doch längst vorliegen.« Während er in den Brotkorb griff, setzte Sebi zu einer Antwort an, stockte dann aber.

»Moment, erzähle ich dir gleich, da wartet jemand dringend darauf, dass ich den Kaffee probiere.«

Rosa folgte seinem Blick. Wiebke Janssen stand in der Tür und spähte erwartungsvoll zu ihnen herüber. Sebi legte die Brotscheiben auf den Teller, nahm seine Tasse, schnupperte daran und trank einen Schluck. Mit demonstrativ hochgerecktem Daumen übermittelte er Frau Janssen, die seine Reaktion beobachtete, das positive Ergebnis des Geschmackstests, woraufhin diese zufrieden lächelnd an der Kittelschürze zupfte und in den Flur entschwand, um sich anderen Aufgaben zu widmen.

»Ja, der Bernd. Als du am Samstag unterwegs warst, hat er mich wieder angerufen. Was die Farben anbelangt, da hast du richtig gelegen. Lebensmittelfarben. Auf Basis von Amaranth, Carotin, Erythrosin, Curcumin und Chlorophyll. Allesamt ungiftig. Ansonsten nichts Neues. Er klang ziemlich erbost. Nichtsnutzige Polizeitruppe, zu seiner Zeit hätten die sich mehr ins Zeug gelegt, und so weiter und so fort. Ich wollte ihm da nicht widersprechen, schließlich war er mal mein Chef ...«

»Lebensmittelfarben, wusste ich's doch! Aber ich würde mich an Ammermanns Stelle auch aufregen. Ist das tatsächlich alles, was die bisher herausgefunden haben?«

Sebi nickte. »Traurig, aber wahr. Ich denke, in die Strafverfolgung steckt niemand übermäßig viel Energie«, fügte er mit einem Achselzucken hinzu.

»Aus den Briefen lassen sich keine Rückschlüsse ziehen? Also ich weiß, dass sich keine Spuren finden ließen, aber ich meine inhaltlich. Ich würde die ja gerne mal lesen. Du hast sie nicht zufällig abfotografiert?«, wollte Rosa wissen.

»Zufällig habe ich genau das getan.«

»Zeig doch mal!« Sie schaute ihn auffordernd an.

Doch anstatt auf seinem Handy nach den Fotos zu suchen, schichtete Sebi in aller Seelenruhe großzügig Heringssalat auf zwei Scheiben Schwarzbrot. »Nach dem Frühstück. Jetzt muss ich erst mal essen!«

»Hunger hin oder her, du bist Detektiv! Ich finde, du müsstest engagierter sein«, rügte Rosa. »Juckt es dich denn kein bisschen in den Fingern, den Fall aufzuklären?«

Sebi guckte entrüstet drein: »Doch, doch, wo denkst du hin. Aber wenn mein Magen knurrt, ist es mir unmöglich, logisch zu denken.«

Diesen Einwand konnte Rosa nach dem kleinen Exkurs ins Teilzeitfasten nachvollziehen. Sie harrte aus, bis Sebi seinen Hunger gestillt hatte.

»Schatz, wir sind die letzten Gäste im Frühstücksraum. Gehen wir doch zu mir, dann suche ich die Fotos der anonymen Briefe heraus«, schlug er vor.

»Oh, da ist jemand so aufgebracht, dass er oder sie seine Wut unmissverständlich mit in die Tastatur fließen lässt«, konstatierte sie kurz darauf nach eingehender Betrachtung, als sie in seinem Zimmer saßen. Bevor sie Sebi das Handy zurückgab, ging sie die Briefe noch langsam Wort für Wort durch.

»Der- oder diejenige ist wütend. Hat sich beim Tippen aber unter Kontrolle. Keine Tippfehler, die Worte sind treffsicher gewählt. Ich bleibe immer wieder bei dem dekadenten Rassenwahn hängen. Diesen Ausdruck habe ich schon mal irgendwo gelesen. Aber wo und wann und in welchem Zusammenhang ... lass mich kurz nachdenken.«

Rosa kniff die Augen zusammen, so sehr strengte sie sich an, die vage Erinnerung abzurufen. Auf ihr Elefantinnengedächtnis war Verlass. Was einmal dort gespeichert war, ging so gut wie nie verloren. Dann schlug sie mit der flachen Hand triumphierend auf die Tischplatte. »Stoppt den dekadenten Rassenwahn – genau, jetzt hab ich's. Das war die Überschrift eines Artikels im Wuppertaler Blättchen. Es ging darin um den Tierschutzverein *Artgerecht.*«

»Oha. Das ist allerdings dicht dran an *Schluss mit dem dekadenten Rassenwahn.* Artgerecht ... nie was von diesem Verein gehört«, stellte Sebi fest.

»Ich glaube, das ist eine private Wuppertaler Organisation für Tierrechte. Mal schauen, ob der Artikel auch online zu finden ist.«

Rosa fütterte die Suchmaschine mit der Überschrift. Sekunden später malträtierte sie den Tisch ein weiteres Mal so kraftvoll, dass die Platte erbebte.

»Bingo! Den Titel kennst du ja, ich lese dir den Text vor.«

»Mit Jahresbeginn will der Tierschutzverein Artgerecht im Bergischen Land verstärkt darauf aufmerksam machen, dass durch Züchtungen Tiere ausschließlich bestimmter Rassemerkmale wegen wie Waren produziert und gewinnbringend gehandelt werden. Das Konzept des Rassenwahns sei allgegenwärtig, wenn es um Hunde, Katzen und andere Haustiere gehe, beklagt die Vorsitzende Gerlind Burger. Auf der anderen Seite stünden deutsche Tierheime und Tierschutzeinrichtungen wegen stagnierender Spendeneinnahmen bei einem gleichzeitigen Anstieg abgegebener Tiere kurz vor dem Kollaps. Artgerecht appelliert an Tierfreunde, keine Tiere vom Züchter zu kaufen. »Jede Zucht begünstigt die »Produktion« von Haustieren und den dekadenten Rassenwahn«, so Burger. Darüber hinaus fordert der Wuppertaler Verein, einen Zuchtstopp explizit im Heimtierschutzgesetz zu verankern.«

Sie schaute vom Handy hoch und sah Sebi Löcher in die Luft starren. Ein gutes Zeichen. Denn immer, wenn er sich konzentrierte, fixierte er ausdauernd irgendeinen imaginären Punkt in der Ferne und legte dabei die Stirn in Denkerfalten. Früher war er ein durchaus fähiger Polizist gewesen. Rosa konnte verstehen, dass er nach der Erbschaft aus dem Polizeidienst ausgeschieden war. Sie hätte auch keine Lust gehabt, ein Leben lang in Uniform Dienst auf der Wache zu schieben. Für sie wäre nur eine Laufbahn bei der Kripo infrage gekommen. Da ging es um Kapitalverbrechen. Mord und Totschlag, nicht bloß Verkehrskontrollen, Ruhestörungen und Aufnahme von Strafanzeigen. Also definitiv größere Herausforderungen und auch viel mehr Abwechslung als bei der Schutzpolizei. Doch anstatt jetzt das Beste daraus zu machen und seinen kriminalistischen Spürsinn in der Detektei Fink einzusetzen, blieb Sebi weiterhin unter seinen Möglichkeiten. Er führte die Detektei ohne Herzblut. Im Grunde nur, um Verluste bei der Steuer geltend machen zu können. Seinen durchaus vorhandenen logischen Verstand setzte er vorzugsweise am Schachbrett ein.

Im Moment sah es aber so aus, als wäre er voll bei der Sache. In seinem Kopf schien es zu rattern. Während sie überaus gespannt auf das Ende der Konzentrationsphase wartete, entging ihr nicht, dass Sebi geistig abdriftete. Sein plötzlich fast schon versonnener Ausdruck wollte so gar nicht mehr zum Zustand des intensiven Grübelns passen – und das, was er sagte, auch nicht.

»Schatz, kurz mal Themenwechsel. Beim Essen nach der Wattwanderung wollte ich eigentlich etwas Wichtiges mit dir besprechen, aber du weißt ja, der Friesengeist ...«

In ihrer Tasche begann es zu vibrieren. Rosa tastete unauffällig nach dem Handy und versuchte, ebenso unauffällig einen Blick darauf zu erhaschen.

»... der hat mich außer Gefecht gesetzt, und gestern hat sich leider auch keine Gelegenheit mehr ergeben. Nun möchte ich aber keinen weiteren Urlaubstag verstreichen lassen, ohne dich zu fragen ... hörst du mir eigentlich zu?«

»Natürlich«, sagte Rosa und drückte den Anruf weg, während sie sich gleichzeitig fragte, was um alles in der Welt so wichtig sein konnte, dass Monika Müller mit ihr sprechen wollte. Es musste um die Kätzchen gehen. Andererseits gab es doch so schnell keine neuen Erkenntnisse?

Thilo presste sein Gesicht so nah wie möglich an den Spiegelschrank im grüngekachelten Bad. Das Glas war stellenweise schon etwas blind. Eigentlich müsste er ihn dringend auswechseln, aber irgendwie hing er an dem betagten Alibert. Von alten Dingen konnte er sich schlecht trennen, er brachte es einfach nicht übers Herz, sie auszurangieren. Andere waren da nicht so zimperlich. An den Abenden, bevor der Sperrmüll bei ihm in der Gegend abgeholt wurde, schaute er immer, was am Straßenrand stand und nahm kopfschüttelnd das eine oder andere Teil mit. Er lebte wirklich in einer Wegwerfgesellschaft! Doch nun hatte er sich dazu durchgerungen, auch etwas wegzuwerfen. Der Sack für den Altkleidercontainer stand schon mitnahmefertig bereit, gefüllt mit mehreren Cordhosen, Strickpullundern, Pullovern und Feinrippunterhosen. Aber eins nach dem anderen. Zuerst würde er sich an diesem Montagmorgen rasieren und duschen. Dann in die Stadt fahren, einen Friseur aufsuchen und sich neu einkleiden. Ihm waren Monikas geringschätzige Blicke, das schnuppernde Beben ihrer Nasenflügel und das Wegrücken von ihm nicht entgangen, als sie nach der Ablieferung von Maurice nebeneinander in ihrem lichtdurchfluteten Wohnzimmer saßen. Dabei achtete er immer auf Körperhygiene und Irisch Moos hatte er auch benutzt. Doch tatsächlich war auch ihm etwas in die Nase gestiegen, das von seiner Kleidung ausging, wie er später erkannte. In seinen eigenen vier Wänden war ihm das noch nie aufgefallen, und bei seinem Job in der großen Lagerhalle trug er Arbeitskleidung. Im Moment gab es allerdings nichts zu tun für ihn. Die Firma hatte Kurzarbeit angeordnet, weshalb es auch um seine Finanzen so schlecht bestellt war. Nachdem er von Monika zurückgekommen war, hatte er direkt alles in die Waschmaschine geworfen, doch anscheinend steckte der Geruch in den Fasern. Jedenfalls rochen Hose, Hemd und Pullunder nach dem Trocknen alles andere als frühlingsfrisch. Daraufhin hatte er seine Schrankwand radikal ausgemistet. Heute wollte er sich in der Herrenabteilung im Kaufhof beraten lassen und neu einkleiden. Falls Geld übrig war, konnte er noch der Parfümerie nach einem Eau de Toilette fragen, das bei Frauen gut ankam. Wenn er später Maurice abholte, wollte er ein gepflegtes Erscheinungsbild abgeben und gut duften. Denn eines war ihm klar geworden: Monika hatte Gefühle in ihm geweckt. Er war verliebt!

Ohne die Schaumreste an Wangen und Kinn zu entfernen, beendete er seine Rasur. Er würde sie unter der Dusche abspülen. Kaum hatte er die Schlafanzughose über die Knie gestreift, begann sein Handy zu klingeln, das er auf dem Toilettenspülkasten abgelegt hatte. Er schaute kurz aufs Display und fühlte, wie sich sein Herzschlag rapide beschleunigte. Hastig zog er die Hose wieder hoch, da es ihm respektlos erschienen wäre, splitterfasernackt mit Monika zu telefonieren. Sie waren noch nicht einmal per Du, aber das würde sich hoffentlich bald ändern.

»Hallo«, meldete er sich.

»Herr Nowak«, vernahm er Monikas Stimme. Danach drangen erst einmal nur unzusammenhängende Wörter an sein Ohr. »Glasscheibe ... Maurice ... Wintergarten ... Katastrophe ...« Was sie dazwischen und danach sagte, ging in halb erstickten Schluchzern und fortwährendem Schniefen unter. Er versuchte, beruhigend auf sie einzuwirken. Tatsächlich erlangte sie ihre Fassung schließlich halbwegs zurück und brachte mit zitternder Stimme hervor: »Entschuldigen Sie, Herr Nowak, ich stehe noch immer unter Schock.«

»Atmen Sie tief ein und aus. Und dann erzählen Sie bitte der Reihe nach, was genau geschehen ist.« Thilo war von düsteren Vorahnungen erfüllt.

»Eben ist bei mir eingebrochen worden und jetzt ist Maurice verschwunden.«

Thilo entfuhr ein Ausruf des Entsetzens. »Nein!«

»Leider doch, es ist so schrecklich! Ich war nur kurz einkaufen. Vorher habe ich nach Maurice und La Belle geschaut. Sie schliefen tief und fest, trotzdem wollte ich sie nicht lange unbeobachtet lassen und habe mich beeilt. Länger als eine Stunde bin ich nicht unterwegs gewesen. Als ich zurückkam, habe ich schon von außen bemerkt, dass eine Glasscheibe im Wintergarten komplett zerstört war. Ich bin in Panik rein und dann habe ich die Bescherung gesehen. Durch den Wintergarten hat sich jemand Zugang zum Wohnzimmer verschafft und es verwüstet. Ich habe darauf gar nicht weiter geachtet, sondern die Katzen gesucht.«

Monika schluchzte erneut leise. »Luna kam auf mein Rufen sofort. La Belle habe ich schließlich auch gefunden, sie hatte sich unter der Gartenhecke verkrochen. Aber Maurice ... er muss weggelaufen sein. Herr Nowak, ich bin untröstlich. Es tut mir so furchtbar leid.«

Thilo umklammerte das Handy mit verkrampften Fingern. Maurice war sein Ein und Alles. »Haben Sie die Polizei informiert?«

»Natürlich, gleich als Erstes, die haben alles aufgenommen und sind schon wieder weg. Der Kater war denen egal, die wollten nur wissen, ob etwas gestohlen wurde. Sieht aber nicht danach aus.«

»Ich komme sofort zu Ihnen. Wir werden Maurice wiederfinden!«, beendete Thilo das Gespräch abrupt. Er zog sich in Windeseile an. Die Dusche musste warten, ebenso wie der Friseur und der Kaufhof. Jetzt gab es Wichtigeres zu tun.

7
Talwärts

Rosa brachte nach Monikas abgelehntem Anruf kaum noch die Konzentration auf, Sebis Ausführungen zu lauschen. Sie hörte nur noch mit halbem Ohr zu, und als das Handy Sekunden später erneut vibrierte, unterbrach sie seinen Redefluss. »Hat das eine Sekunde Zeit? Die Züchterin meldet sich gerade.«

Sie schaute ihn entschuldigend an, und er tat das Schlimmste, was er tun konnte. Anstatt zu antworten, verdrehte er die Augen. Auf Augenverdrehen reagierte Rosa von Berufs wegen übersensibel. Ein Trauma, verursacht durch die Lektüre von Shades of Grey. Als der erste Teil der Trilogie in Deutschland erschien, hatte sie ihn aus purer buchhändlerischer Neugier gelesen. Die Protagonistin hatte ständig die Augen verdreht, wenn sie nicht damit beschäftigt gewesen war, an der Unterlippe zu kauen. Danach begann Rosa, eine tiefe Abneigung gegen beides zu entwickeln. Natürlich kauten Menschen auch im wahren Leben auf der Unterlippe oder verdrehten die Augen – für Letzteres war Sebi der lebende Beweis. Doch sie konnte nicht anders, obwohl sie inzwischen nach ausgiebigen Internet-Recherchen wusste, dass es sich um eine Art selektiver Wahrnehmung handelte. Sobald Neuerscheinungen eintrudelten, scannte sie diese nach Triggern. Kamen zerkaute Unterlippen oder rollende Augen darin vor, wurden sie aussortiert. Ebenso verfuhr sie bei Schmetterlingen, die im Buch und im Bauch der Protagonistinnen inflationär tanzten, hüpften oder flatterten.

Sie interpretierte Sebis mimische Entgleisung als indirektes Einverständnis, nahm den Anruf an und begrüßte Monika mit einem norddeutschen *Moin*.

»Rosa, entschuldige bitte, dass ich euch im Urlaub störe. Aber du hast doch bei der Ausstellung erwähnt, dass dein Mann als Detektiv arbeitet. Heute Morgen ist etwas Schreckliches geschehen, und die Polizei unternimmt rein gar nichts. Ich brauche seine Hilfe. Bitte, kannst du ihn mir mal geben?«

Rosa verzichtete darauf, richtigzustellen, dass Sebi nicht ihr Mann war. Nicht mehr oder noch nicht, je nach Betrachtungsweise. Sie aktivierte die Freisprecheinrichtung, um mithören zu können, und reichte Sebi das Handy mit den Worten: »Für dich. Monika. Ich weiß nicht, um was es geht.«

Sebi wusste das ebenfalls nicht – und er verspürte auch kein Bedürfnis, es herauszufinden. Er war stinksauer. Diese Monika hatte soeben seinen Heiratsantrag durchkreuzt. Nicht einfach nur gestört, nein. Zerstört, denn nun war es erst einmal unmöglich, auf das Thema zurückzukommen. Er ließ die Schilderung der schrecklichen Ereignisse über sich ergehen und verspürte immer größere Lust, es wie die Polizei zu halten und ebenfalls rein gar nichts zu unternehmen. Als Monika jedoch zu schluchzen begann, regte sich sein Mitgefühl. Sie war ja weder wissentlich noch vorsätzlich mit ihrem Anruf dazwischengefunkt. Er versuchte, ihr Mut zuzusprechen.

»Keine Panik, der taucht schon auf. Kontaktiert zuerst das Ordnungsamt. Das ist die offizielle Meldestelle für Fundtiere. Ansonsten fallen mir noch Katzenschutzbund und Tierheim ein, wo ihr nachfragen könntet. Wenn der Kater in einem Tierregister registriert ist, sollte dort gemeldet werden, dass er vermisst wird. Zusätzlich kannst du Steckbriefe ausdrucken und in der Nachbarschaft aufhängen. Wir sind Samstag wieder im Tal, bis dahin ist der Kater sicher längst wieder da!«

Sebis Ratschläge und sein Optimismus in der Sache zeigten Wirkung, Monika beruhigte sich. Die Gelegenheit schien günstig, das Gespräch zu beenden, aber Rosa signalisierte, dass sie auch noch einmal mit Monika reden wollte. Nachdem Sebi ihr das Handy zurückgegeben hatte, hörte er sie fragen: »Was meinst du, hat es denn wohl geklappt mit Maurice und La Belle, bevor er verschwunden ist?«

Sebi verdrehte ein weiteres Mal die Augen. Die Züchterin hatte jetzt wahrhaftig andere Sorgen. Er liebte seine Ex-Frau so, wie sie war, aber mitunter bewies sie einen bemerkenswerten Mangel an Zartgefühl.

Drei Tage waren seit Maurices Verschwinden vergangen, und immer noch keine Spur von dem Kater. Die Sache schlug Rosa aufs Gemüt. Und zwar nicht nur aus egoistischen Gründen, wie Sebi ihr unterstellte. Tatsächlich hätte sie sich am liebsten auf die Zunge gebissen, als sie mit der Frage herausgeplatzt war, ob Maurice den Deckakt vollzogen hatte. Besonders einfühlsam war das nicht gewesen. Oder um es mit Sebis Worten zu sagen: *Schatz, auch wenn du den Namen Fink angenommen hast, solltest du nicht immer drauflos plappern, wie dir der Schnabel gewachsen ist.*

Was ihre unbedachte Äußerung anbelangte, musste sie Sebi also ausnahmsweise recht geben. Aber sie gab ihr Bestes, es wiedergutzumachen. Seit Montag telefonierte sie mehrmals täglich mit Monika. Deren Gefühlslage hatte anfangs zwischen Hoffen und Bangen geschwankt. Inzwischen herrschte Verzweiflung vor. Weder die Aushänge in Tierarztpraxen noch vierzig wetterfest laminierte Steckbriefe an den Bäumen im Umkreis von zwei Kilometern hatten etwas gebracht. Der einzige Lichtblick war eine Katze gewesen, die mehrere Nachbarn nachts gesehen und laut miauen gehört hatten. Frau Frowein, einer unter Schlaflosigkeit leidenden alten Dame, die im Haus schräg gegenüber wohnte, war es dann gelungen, das herumstreunende Tier mit Leckerchen anzulocken, und sie gab Monika Bescheid. Leider wies der Kater keinerlei Ähnlichkeit mit Maurice auf. Er war grau getigert – und außerdem trug er ein Halsband mit seinem Namen und der Adresse seiner Besitzer. Bei Otto handelte es sich also einfach um einen Freigänger, den es wie viele Katzen nachts nach draußen zog.

Nach und nach zerschlugen sich auch alle anderen Hoffnungen. Katzenschutzbund: Fehlanzeige. Als Monika im Tierheim nachfragen wollte, musste sie feststellen, dass es in Wuppertal keines mehr gab. Es war vor zwei Jahren aufgrund finanzieller Probleme geschlossen worden. Auf die Vermisstenanzeige bei TASSO e. V. meldete sich niemand. Ihre Facebook-Suchpostings wurden zwar fleißig geteilt und kommentiert, führten aber zu nichts.

Während des heutigen Telefonats am Vormittag war Monika wieder den Tränen nah gewesen, als sie erzählte, dass La Belle und Luna sie nur noch aus vorwurfsvollen Katzenaugen anschauten. Sie forderten ihre Streicheleinheiten, aber dafür war keine Zeit. Und nicht nur, dass sie ihre beiden Lieblinge vernachlässigte, zu allem Übel musste sie auch noch die ständige Anwesenheit des Katerbesitzers ertragen, der ihr aufs Gemüt schlug. Thilo Nowak hieß er, und wenn er nicht gerade durch ihren Garten schlich, um mit fiepsiger Stimme Maurice-Rufe auszustoßen, hing er depressiv im Wintergarten herum.

»Warum schmeißt sie den Kerl nicht einfach raus?«, fragte Rosa, nachdem sie Sebi kurz Bericht über die aktuelle Katzenlage im Tal erstattet hatte. Sie saß ihm gegenüber auf der Seeterrasse des alten Kurhauses und stocherte in ihrem Rhabarberkuchen, dessen Baiserhaube perfekte goldbraune Bläschen warf. Rosa bereute, ausgerechnet heute auf die Windjacke verzichtet zu haben. Schon als sie losmarschiert waren, hatte eine frische Brise geweht. Jetzt zogen Wolken auf und sie fror erbärmlich in ihrer neuen Blüten-Tunika.

Sebi hatte sein Stück längst aufgegessen. »Sie schmeißt ihn nicht raus, weil sie ein schlechtes Gewissen hat«, lautete seine Antwort. »Grundlos natürlich. Es ist ja nicht ihre Schuld, dass bei ihr eingebrochen wurde. Obwohl ... unter uns gesagt, sollte eine Alarmanlage im Zooviertel eigentlich Standard sein. Es ist eine bevorzugte Wohnlage, auch für Einbrecher. Wie dem auch sei, da der Kater nun mal aus ihrem Wintergarten entkommen ist, verstehe ich, dass sein Besitzer ihn dort wiederfinden will. Wahrscheinlich hofft er, dass seine Stimme oder sein Geruch ihn herbeilocken.«

Rosa schüttelte sich leicht angeekelt. »Monika meint, dass dieser Nowak ziemlich müffelt.« Nach ausgiebiger Betrachtung ihres Kuchens schob sie Sebi den Teller rüber. »Magst du den noch?«

Der nahm das Angebot dankend an, wunderte sich aber: »Schmeckt's dir nicht? Also meiner war fantastisch wie immer.«

»Ich kann nicht mehr!«

Während Sebi den Rest verspeiste, überlegte sie, ob und wie sie ihm eine vorzeitige Heimreise schmackhaft machen könnte. Denn sie wollte der Züchterin in der Not beistehen. Mit täglichen Telefonaten war es nicht mehr getan. Sie mochten als Erste-Hilfe-Maßnahme funktioniert haben, doch jetzt brauchte Monika dringend tatkräftige Unterstützung in Wuppertal. Die Frau war alleinstehend, sie hatte nur ihre Katzen. Anscheinend gab es niemand, der nachfühlen konnte, in welch einer misslichen Lage sie sich befand und wie sehr sie darunter litt. Außer Thilo Nowak natürlich, aber der steigerte ihr Leiden eher. Sie hatte eine Schwester, Jessica, mit der sie sich aber nicht gut verstand. Jessica wohnte mit dem pubertierenden Sohn, den sie alleine großzog, oben im Haus. Aber Monika hatte gesagt, ihre Schwester wäre gegen Katzen im Haus. Als Miteigentümerin drohte sie sogar, gegen den *gewerblichen Zuchtbetrieb* notfalls gerichtlich vorzugehen. Dabei betrieb Monika doch nur eine kleine Hobbyzucht. Und Nick, der Neffe, war laut Monika ein verwöhnter Bengel, der lieber mit seinem Freund Computerspiele zockte und dabei schrecklichen deutschen Gangsta-Rap mit unverständlichen Texten hörte, anstatt sich seiner Tante zuliebe an der Suche nach Maurice zu beteiligen.

Rosa beschloss, sofort zum Punkt zu kommen, denn langes Drumherumreden lag ihr einfach nicht. »Sebi, du hältst mich bestimmt für verrückt, aber mir ist nicht mehr nach Urlaub zumute. Ich würde am liebsten schon morgen nach Hause fahren, um Monika zu entlasten und sie auf andere Gedanken zu bringen. Außerdem möchte ich den Tierrechtlern von Artgerecht einen Besuch abstatten. Dein alter Freund Bernd wäre doch sicher auch daran interessiert, die Farbkleckser ausfindig zu machen, die ihm die Show ruiniert haben?«

Sie versuchte, ihre Ungeduld zu zügeln, als sie auf Sebis Reaktion wartete. Im Gegensatz zu ihr pflegte er ausgiebig zu denken, bevor er sprach. Früher hatte das in schöner Regelmäßigkeit zu Reibereien geführt, inzwischen kannte sie seine Angewohnheit, Für und Wider ewig abzuwägen.

Diesmal verging bestimmt eine Minute, bis er sich mit seiner Serviette ein paar unsichtbare Krümel vom Mund abtupfte und lächelnd sagte: »Ohne jeden Zweifel bist du verrückt. Warst du schon immer. Aber kein Problem, lass uns heute Abend die Koffer packen. Wenn wir morgen direkt nach dem Frühstück losfahren, wären wir mittags schon zu Hause. Und dann sind wir quitt: Meinetwegen sind wir einen Tag später angereist, da ist es nur ausgleichende Gerechtigkeit, wenn wir deinetwegen einen Tag früher abreisen. Frau Janssen wird das allerdings missbilligen.«

Rosa ging das Herz auf. Nach all den gemeinsamen verheirateten und geschiedenen Jahren konnte er sie noch überraschen. Sie hatte sich innerlich schon auf längere Verhandlungen eingestellt, und nun machte er es ihr so einfach. Es passten doch nicht nur Wörter mit der Endung *los* auf ihn, sie musste die Liste erweitern. Man konnte ein paar *voll* ergänzen: verständnisvoll, taktvoll und nach zu viel Friesengeist auch schon mal sternhagelvoll.

»Ach, du bist schon ein Guter«, rief sie erleichtert und beugte sich in einer spontanen Gefühlsaufwallung über den Tisch, um ihre Freude mit einem Kuss zu unterstreichen.

»Um genau zu sein der Beste«, korrigierte Sebi sie mit einem Augenzwinkern.

Sie beschlossen, sofort aufzubrechen, denn die dunkelgrauen Wolkengebilde über dem Meer verhießen nichts Gutes. Rosa ging schon langsam barfuß über den Strand voraus, weil Sebi sich an der Kuchentheke noch zwei Stücke zum Mitnehmen für die Heimfahrt einpacken lassen wollte. Das Meer war in Sicht, dem Sechsstunden-Rhythmus folgend würde das Wasser bald seinen höchsten Stand erreicht haben. Plötzlich bekam Rosa Lust, ihre Füße von den heranflutenden Wellen umspülen zu lassen. Gerade, als sie sich bückte, um die Hosenbeine hochzukrempeln, zischten ein paar Läufer pfeilschnell an ihr vorbei. Einer von ihnen, ein hochgewachsener Kerl mit Kappe, verlangsamte sein Tempo und drehte sich tänzelnd zu ihr um. Rosa schätzte ihn auf Ende dreißig. Er sah haargenau so aus, als wäre er der Jever-Reklame mit den friesisch herben Schönlingen entsprungen. Der Friese lupfte sein Käppi, rief »Moin moin« und warf ihr eine Kusshand zu. Dann zündete er wieder den Turbo und schloss zur Truppe auf.

»Was fällt dem denn ein? Unverschämtheit!«, tönte es von hinten.

Sebi kämpfte gegen den inzwischen böigen Wind an. Normalerweise wäre Rosa seiner Meinung gewesen, aber der Typ hatte immerhin keinen blöden Spruch rübergebracht. Und nebenbei bemerkt auch noch ganz schön kernig ausgesehen. Also beschloss sie, die Kusshand als Kompliment zu nehmen.

Sebi brummelte sich noch das eine oder andere Wort des Missfallens in seinen Urlaubsbart, verstummte aber, als Rosa vorschlug: »Dann sag ihm das mal persönlich! Du musst dich aber sputen, damit du ihn noch einholst. Ich trage derweil den Kuchen, damit du die Beine in die Hand nehmen kannst.«

»Also Frau Fink, das soll mal jemand verstehen!«, jammerte Wiebke Janssen am nächsten Morgen. Ihre frisch ondulierten Löckchen wippten dabei hin und her, weil sie vor Kummer heftig mit dem Kopf wackelte. »Erst kommen Sie beide einen Tag später an, und dann wollen Sie auch noch einen Tag früher abfahren ... war denn nicht alles zu Ihrer Zufriedenheit?«

Rosa versicherte, alles sei bestens gewesen wie immer. Da Frau Janssen aber noch nicht ganz überzeugt zu sein schien und weiter todunglücklich dreinschaute, fügte sie hinzu: »Wir wollen ja auch gar nicht, aber wir müssen. Ganz unter uns: ein eiliger Auftrag für die Detektei Fink. Es wartet Arbeit im Tal.«

Das Argument zog. Frau Janssens Miene hellte sich auf.

»Ja, wenn das so ist, na denn man to!« Ihre Aufmerksamkeit richtete sich auf Sebi, der soeben die Koffer durch den Flur schleppte, um sie ins Auto zu laden.

»Ich höre gerade, ein neuer Fall für Sie, Herr Fink. Darf man erfahren, um was es geht, oder ist das geheim?«

»Das ist vorläufig top secret«, scherzte Rosa an Sebis Stelle. »Aber bestimmt kann er Ihnen etwas darüber erzählen, wenn wir wiederkommen.«

Frau Janssen ergriff den Strohhalm sofort. »Dann spannen Sie mich aber nicht bis nächstes Jahr auf die Folter. Wir haben doch letztens noch über das Hafenfest geschnackt. Das geht drei Tage und ist wahrhaftig eine Reise im Sommer wert. Einfach anrufen, und ich schaffe schon Platz für Sie, egal, wie voll es in den Ferien ist. Warten Sie mal, hier habe ich noch was.« Sie verschwand kurz hinter ihrem Empfangstresen und kam mit einem Flyer zurück, den sie Rosa in die Hand drückte.

»Nehmen Sie die Broschüre mit, da stehen alle Termine drin. Das geht hier bald Schlag auf Schlag, das Watt-en-Schlick-Fest, das Strandfest, der Mittelaltermarkt. Und dann stärken Sie sich noch mal ordentlich, bevor Sie gleich talwärts fahren.«

Dieser Aufforderung kam Rosa gern nach. Sie setzte sich mit Sebi an den gedeckten Tisch. Kaum hatten sie Platz genommen, rollte Frau Janssen das Servierwägelchen heran und kredenzte ihnen das letzte Friesenfrühstück ihres Kurzurlaubs. Zu jedem Gedeck stellte sie ein mit blauem Schleifenband verschlossenes Gebäcktütchen. Rosa bedankte sich erfreut und erntete ein kurzes Lächeln.

Bei Sebis überschwänglichem »Oh, ein süßer Abschiedsgruß des Hauses, Sie sind ein Schatz!«, errötete Frau Janssen und strahlte übers ganze Gesicht. »Und Sie sind mein Lieblingsgast!«

Fröhlich summend entfernte sie sich, um am Nebentisch abzuräumen.

Rosa kicherte. »Du Womanizer!«

»Ich bin nur nett.«

»Das bist du allerdings. Darum bist du ja wahrscheinlich auch ihr Lieblingsgast.«

Als sie eine Stunde später zum Auto gingen, bezog die Zimmerwirtin Stellung in der Hofeinfahrt, um ihnen nachzuwinken.

»Hol di munter!«, rief sie dem abfahrenden Wagen hinterher.

Sebi hupte und brüllte durch das offene Fenster zurück: »Hol di fuchtig!«

»Jetzt protzt du auch noch mit deinen norddeutschen Plattkenntnissen.«

»Na ja, sie ist meine einzige Bewunderin«, konterte Sebi und drückte zum Abschied noch zweimal kräftig auf die Hupe.

8
Hiob

Monika war ganz sicher. Neben der Obstschale auf dem Sideboard müssten hundert Euro liegen. Zwei Fünfziger. Aber sie waren nicht mehr da. Sie erinnerte sich genau, die Scheine am Montagmorgen vor dem Einkauf dort in Eile abgelegt zu haben, weil sie ungern mehr Bargeld im Portemonnaie mitnahm als notwendig. Als die Polizei später bei ihr gewesen war, hatte sie zu sehr unter Schock gestanden, um das Geld zu vermissen. Daher wusste sie nicht, seit wann genau es fehlte, ob es beim Einbruch entwendet worden war – oder womöglich erst später. Ihr Blick wanderte zu Thilo Nowak, der ein Schälchen mit Katzenfutter unter der Gartenhecke abstellte. Könnte er ...? Sie wusste kaum etwas über den Mann. Seine heruntergekommene Wohnung und die verschlissenen Klamotten ließen vermuten, dass es ihm finanziell nur mäßig ging. Aber würde er deshalb zum Gelegenheitsdieb? Nein, so schlecht wollte sie nicht von ihm denken. Er wirkte verlottert, aber auch harmlos und anständig. Blieb außerdem die Frage, welcher Einbrecher sich mit einer Beute von hundert Euro zufriedengeben würde.

Sie sollte es wohl oder übel der Polizei melden. Aber die Streifenbeamten, die zwecks Erstaufnahme zu ihr nach Hause gekommen waren, hielten sie ohnehin schon für hysterisch. Anstatt ihrer Aufgabe als Freund und Helfer gerecht zu werden, waren sie wenig einfühlsam mit ihr umgegangen. Bei der Befragung hatten sie die unzureichende Sicherung des Wintergartens bemängelt und es so dargestellt, als wäre sie selbst schuld.

Frau Müller, Ihr Garten ist vom Gehweg aus durch das unverschlossene Türchen in der Hecke für jeden zugänglich. Keine Alarmanlage, keine Bewegungsmelder, keine einbruchhemmende Verglasung. Das ist fast schon grob fahrlässig.

Doch damit nicht genug, hatte sich einer der Beamten, ein unverschämtes Jüngelchen Anfang zwanzig, auch noch über sie lustig gemacht.

Rühren Sie nichts an, das Team von der Spurensicherung kommt gleich. Das ist aber nicht dafür zuständig, Spuren des Katers zu sichern.

Es folgte ein dämliches Lachen über den eigenen Witz, obwohl sie vor Sorge um Maurice außer sich war.

Wenn sie jetzt nachträglich das Fehlen von hundert Euro mitteilte, würde man ihr womöglich Wahnvorstellungen bescheinigen. Deswegen wollte sie lieber Sebi zurate ziehen, bevor sie gegebenenfalls die Polizei informierte.

Nachdenklich schaute sie in den Garten. Die defekte Glasscheibe war bereits ausgetauscht worden. Nichts erinnerte mehr an den Einbruch – außer Nowak. Oder vielmehr Thilo. Es kam ihr immer noch befremdlich vor, dass sie sich seit Neuestem duzten und mit Vornamen anredeten. Doch sie hatte ihm angesichts seines Kummers den Wunsch nicht abschlagen können. La Belle rekelte sich wohlig auf der Liegefläche des Kratzbaums im Wintergarten. Monika kraulte ihr das Köpfchen, was ihr blauer Liebling sofort mit einem zufriedenen Schnurren beantwortete. Allein die Vorstellung, dass La Belle nicht so entspannt hier läge, sondern ebenfalls verschwunden wäre, bereitete ihr Magenschmerzen. Ihre mimosenhafte Stubentigerin kannte nur begleitete Ausflüge ins Freie, bei denen sie angeleint war. Auf sich allein gestellt würde sie total desorientiert draußen herumirren. Thilo mochte ein seltsamer Kauz sein, aber seine Besorgnis konnte sie nachempfinden. Sie beobachtete, wie er sich bückte, um zum wiederholten Male unter einem der Rhododendronsträucher nachzusehen. Offenbar hoffte er auf ein Wunder.

Ihr Handy miaute – wahrscheinlich Rosa, die heute im Laufe des Nachmittags mit Sebi vorbeikommen und vorher kurz anrufen wollte. Doch nicht Rosas, sondern eine unbekannte Rufnummer wurde angezeigt.

»Müller«, meldete sie sich. Nachdem sie lediglich knackende Geräusche hörte, fragte sie: »Hallo?«

Die mechanische Stimme, die jetzt an ihr Ohr drang, klang roboterähnlich.

Ka-ter – le-bend – wie-der-se-hen – tau-send – Eu-ro – kleine – Schei-ne – ver-schloss-en – in – Ge-frier-beu-tel – Ü-berga-be – mor-gen – Schwe-be-bahn-sta-tion – Zoo – zehn – Uhr – kei-ne – Po-li-zei – sonst – Ka-ter – in – Sack – und – ab – in – Wup-per.

Ohne Monika die Chance einer Erwiderung zu geben, wurde die Verbindung unterbrochen. Es hatte ihr ohnehin die Sprache verschlagen, sie stand wie zur Salzsäule erstarrt da und wusste nicht, wie ihr geschah. Es verging eine geschlagene Minute, bis sie sich in Bewegung setzte, um Thilo die Hiobsbotschaft zu überbringen.

Es wurde immer verrückter. Nun war der Kater also gar nicht entlaufen, sondern entführt worden! Als sie wieder in Wuppertal waren, hatte Rosa sich noch vor dem Auspacken der Koffer bei Monika gemeldet und so die Neuigkeiten erfahren. Sie vereinbarten eine Uhrzeit für das Treffen, zu dem auch Sebi mitkommen wollte. Um halb fünf standen sie auf der mit einem Katzenmotiv geschmückten Kokos-Fußmatte vor der Haustür mit dem Emaille-Schild *Müller.* Kaum hatte Rosa den Finger von der Klingel gelöst, öffnete Monika. Sie trug ein elegantes blaues Etuikleid mit schmalem Taillengürtel, das ihren zierlichen Proportionen schmeichelte. Nach einer herzlichen Begrüßung wurden sie durchs Wohnzimmer in den Garten geführt, wo Monika ihnen Thilo vorstellte. Rosa, die schöne Gärten so sehr liebte, wie sie Gartenarbeit hasste, bewunderte die Anlage. Der Rasen war unkrautfrei und gepflegt. Geschwungene Blumenbeete, mehrere Sträucher und eine Zierweide lockerten die Fläche auf. Zur Straße hin bildete die niedrige Buchsbaumhecke eine natürliche Abgrenzung.

Anschließend setzten sie sich zu viert an den rechteckigen Tisch im großen Wohnzimmer. Auch innen herrschten Harmonie und Ästhetik vor. Der in Ess- und Wohnbereich aufgeteilte Raum war im gediegenen Landhausstil eingerichtet. Hell gekalkte Bodendielen, rauchblauer Teppich, weiß lackierte Holzmöbel, naturfarbenes Sofa mit rauchblauen Sofakissen. Die beiden blauen Katzen, die stoisch auf den Kissen thronten und das Quartett am Tisch aus weit aufgerissenen Murmelaugen musterten, konnten ohne Weiteres als Wohnaccessoires durchgehen. Das Ambiente war ganz nach Rosas Geschmack. Sie würde sofort hier einziehen, gern auch vollmöbliert. Einen Katzenzüchterinnen-Haushalt hatte sie sich chaotisch und tendenziell haarverseucht vorgestellt. Umso überraschender fand sie die fast schon penible Ordnung und Sauberkeit.

Monika berichtete noch einmal in allen Einzelheiten von dem Geld, das offenbar geklaut worden war, und von dem verstörenden Anruf mit der Roboterstimme, während Thilo bleich und starr neben ihr saß und schwieg. Rosa wusste immer noch nicht, was sie von dieser Wendung halten sollte. Monikas und Thilos Blicke waren auf Sebi gerichtet. Sie hofften wahrscheinlich, dass er in seiner Eigenschaft als Kopf der Detektei Fink etwas zur Klärung beitragen könnte. Als von ihm keine Reaktion kam, versetzte sie ihm heimlich unter dem Tisch einen stimulierenden kleinen Fußtritt.

»Was sagst du denn dazu?«

»Ich muss erst einmal nachdenken und die Fakten sortieren.«

Das Ergebnis seiner Gedankengänge teilte er eine Schweigeminute später mit. »Sammeln wir erst einmal das, was wir sicher wissen. Das wäre Folgendes: Jemand ist am Montagmorgen durch den Wintergarten ins Haus gelangt, indem er eine Fensterscheibe mit einem festen Gegenstand eingeschlagen hat. Das Wohnzimmer wurde daraufhin verwüstet. Der Kater, der sich hier zu Besuch aufhielt, ist seither unauffindbar. Hundert Euro, die im Wohnzimmer lagen, fehlen, was erst heute aufgefallen ist. Ein anonymer Anruf mit einer Art Lösegeldforderung für den Kater ging heute Vormittag bei Monika ein, also fünf Tage nach seinem Verschwinden.«

Eine weitere Denkpause folgte, dann setzte Sebi seine Analyse fort.

»Nun kommen wir zu dem, was wir nicht sicher wissen, aber vermuten. Was die hundert Euro anbelangt, könnte es sich um indirekte Beschaffungskriminalität handeln. Ein Junkie, der an Geld für Drogen kommen wollte. Eventuell war es auch eine Kombination aus Vandalismus und Diebstahl. Dann wäre es ursächlich um die Zerstörung gegangen, das Geld wurde während der Tat zufällig entdeckt und mitgenommen.«

Es verfiel wieder in ein bedächtiges Schweigen. Monika nutzte es, um Gläser, eine Wasserkaraffe und ein Schälchen mit Keksen zu holen. »Entschuldigt bitte, ich bin so durch den Wind, dass ich euch auf dem Trockenen sitzen lasse. Bedient euch einfach.«

Sebi goss sich Wasser ein und nahm einen Keks. »Den Kater hätte aber weder ein Junkie noch ein Vandalismustäter mitgenommen. Das passt nicht zusammen. Ich glaube also, dass es sich um Delikte handelt, die getrennt voneinander betrachtet werden müssen. Lassen wir Einbruch und Diebstahl außen vor und konzentrieren wir uns auf den Kater.

Die Lösegeldforderung beweist, dass da jemand Ahnung hat, was so ein Tier wert ist.«

Bei Sebis letzten Worten erwachte Thilo aus seiner Trance. »Das sehe ich auch so. Ich würde mein letztes Hemd geben, wenn nur Maurice nichts zustößt.«

Rosa vermutete, dass er sein letztes Hemd vermutlich seit mehreren Tagen am Leibe trug. Es war voller Knitterfalten und von Flecken übersät. Der ganze Mann wirkte zerknittert und fleckig. Wie er da so übermüdet neben der wie aus dem Ei gepellten Monika hockte und sich immer wieder die dunkel umschatteten Augen rieb, hätte sie Thilo am liebsten nach einem langen Bad strikte Bettruhe verordnet. Und seinem Hemd eine Kochwäsche.

Sie gähnte. In Sebis bedächtigem Denktempo säßen sie wohl noch bis in die Nacht hier beim Faktencheck. Die Sache musste abgekürzt werden.

»Genug Material für drei Schlussfolgerungen. Erstens: Wer die Glasscheibe zerschlagen hat und ins Haus eingedrungen ist, wird sich wohl kaum aus Frust darüber, dass lediglich zwei Fünfziger griffbereit hier herumlagen, mal eben den Kater zwecks Lösegeldforderung unter den Arm geklemmt haben. Zweitens: Es ist auch höchst unwahrscheinlich, dass jemand zufällig Thilos entlaufenen Kater eingefangen hat und dann auf die lustige Idee kam, Monika, die nicht die Besitzerin des Katers ist, anzurufen, um Geld zu erpressen. Drittens: Eine zufällige Entführung können wir wohl ebenfalls ausschließen.«

Sie schaute von Monika zu Thilo und dann zu Sebi. Keiner widersprach oder brachte sonstige Einwände vor.

»Es spricht also alles dafür, dass die Entführung geplant wurde. Monika, wer wusste denn, dass und wann Maurice bei dir war?«

»Also, Thilo hier natürlich. Und ihr. Meine Schwester auch. Die wohnt ja oben im Haus und hat Thilo mit dem Transportbehälter ankommen sehen. Kurz danach gab es direkt wieder Ärger, weil sie dachte, das wäre eine neue Katze, mit der ich meine Zucht erweitere. Da sie seit Wochen nicht mehr mit mir redet, hat sie Nick vorgeschickt. Ich habe ihm mitgeteilt, dass es ein Deckkater ist, der Montag wieder von seinem Besitzer abgeholt wird.«

»Wer ist Nick?«, wollte Sebi wissen.

»Von dem habe ich dir doch erzählt«, half Rosa seinem Gedächtnis auf die Sprünge. »Der fünfzehnjährige Nichtsnutz von Neffe, der sich geweigert hat, beim Suchen zu helfen.«

»Hast du erwähnt, jetzt erinnere ich mich. Sonst noch jemand?«

Monika überlegte kurz, bevor sie antwortete. »Alexandra wusste Bescheid, eine befreundete Züchterin. Na ja, befreundet ist vielleicht übertrieben. Man kennt sich halt unter Wuppertaler Züchtern, und sie wohnt in Sonnborn. Nur einen Katzensprung entfernt sozusagen. Sie war auch auf der Ausstellung, mit ihrem Scottish Fold. Wir haben uns länger unterhalten, auch über den neuen Wurf, den ich plane, und dass ich dafür einen passenden Deckkater ausgesucht habe.«

»Ist Alexandra die Besitzerin von Whistleblower of Bravehearts?«

»Sag bloß, du kennst sie?« Monika klang überrascht.

»Nicht wirklich «, sagte Sebi. »Wir sind uns bei der Ausstellung über den Weg gelaufen. Der Kater ist mit pinker Farbe besprüht worden. In der Sache gibt es übrigens auch noch keine neuen Erkenntnisse. Aber zurück zu Maurice. Wer konnte noch wissen, dass er bei dir war?«

»Eigentlich nur die anderen Interessenten für den Wurf. Eine Frau Herbst, die mit ihrem Mann auf der Ausstellung war, und eine ältere Dame. Frau Herbst hat am Samstag angerufen und noch ein paar Fragen zur Wurfplanung gestellt. Mit der älteren Dame habe ich Sonntag telefoniert. Frau Knüdel heißt die. Beiden habe ich erzählt, dass La Belle mit dem Deckkater zusammen ist und dass der Kater bis Montag bleibt.«

»Keine Freunde? Oder Kollegen?«

»Nein. Ich arbeite freiberuflich als Grafikdesignerin. Meist im Homeoffice, nur ganz selten mal bei Kunden vor Ort. Mein Freundeskreis ist klein, nicht alle teilen meine Liebe zu Katzen. Und mein letzter Partner hatte für meinen Katzentick, wie er es nannte, auch kein Verständnis. Darüber ist die Beziehung zerbrochen.«

Nach einem Seitenblick zu Sebi versicherte Rosa, dieser Mann sei es sicher nicht wert gewesen, ihm auch nur eine Träne nachzuweinen.

»Das tut mir aufrichtig leid«, meldete sich nun auch Thilo zu Wort. »Ich weiß, wie das ist, ich habe auch so eine Enttäuschung erlebt. Meine letzte Freundin wollte, dass ich Maurice weggebe.«

»Was du natürlich nicht gemacht hast. Richtig so.«

Monika schenkte ihm ein Lächeln. Thilo lächelte zaghaft zurück und Rosa bemerkte, dass der traurige, blasse Mann in diesem einen Moment in geradezu rührender Weise aufblühte. Doch sofort senkten sich seine Mundwinkel wieder und er ließ den Kopf hängen.

»Die Zusammenhänge sind mir egal, ich will nur Maurice lebend zurück. Ich habe aber keine Ahnung, wie ich so schnell einen Tausender beschaffen soll.« Thilo sprang auf und ging unruhig auf und ab. »Kurzarbeit, schon seit Februar. Mein Dispo ist überzogen, der Geldautomat spuckt keinen Cent mehr aus.« Seine angeschlagene finanzielle Lage zu gestehen, fiel ihm sichtlich schwer.

»Keine Sorge, zu einer Geldübergabe wird es nicht kommen. Wir finden vorher raus, von wem der Anruf stammt«, versprach Rosa. »Anstatt weiter hier herumzusitzen und zu rätseln, müssen wir handeln. Die Detektei Fink hat doch eine *Kontaktfrau*?«

Sie wartete auf Sebis Einwände, die auch prompt kamen. »Moment, so einfach ist das nicht. Telekommunikationsdaten werden normalerweise bei der Bundesnetzagentur abgefragt. In einem automatisierten Auskunftsverfahren für Behörden. Mit Verschlüsselungstechnik. Und nur im Zuge von Ermittlungen. *Polizeilichen* Ermittlungen. Ich bringe meinen Kontakt in Teufels Küche, wenn ich sie auf einen – Entschuldigung, Thilo – Katzenbagatellfall ansetze.«

Monika mischte sich ein. »Heißt das, die unbekannte Nummer lässt sich zurückverfolgen?«

Sebi gab zu, dass es möglich wäre. »Man könnte die Daten direkt beim Netzbetreiber abfragen. Es ist natürlich kurz vorm Wochenende und ich weiß nicht …«

Rosa wurde energisch. »Mach es einfach. Sag deiner Kontaktfrau, es gehe um Leben und Tod.«

Bei Sebis Kontaktfrau handelte es sich um seinen Scheidungsgrund Astrid Pallaske. Unterbrochen von inzwischen drei Mutterschaftsurlauben war die ehemalige Kollegin und Mutter der gemeinsamen Tochter Frieda weiterhin im Polizeidienst tätig. Als inoffizielle Spezialistin für Bestandsdatenauskunft hatte sie einen heißen Draht zu Telefongesellschaften. Telefonisch zu ihr durchzudringen, erwies sich jedoch als Herausforderung.

»Aber klar doch, Frieda, versprochen ist versprochen. Ich habe ganz viele Muscheln für euch gesammelt. Gibst du mir mal …«

»Ja, Lotte, ich komme bald zu Besuch und dann bringe ich die Muscheln mit. Kannst du mir mal …«

»Natürlich Leonie, du bekommst auch Muscheln. Und jetzt gibst du mir aber bitte mal die Mami?«

Endlich konnte er Astrid sein Anliegen schildern. Sie lehnte rundheraus ab. Aber Sebi konterte mit ruhiger Beharrlichkeit. Irgendwann hatte er sie weich gekocht und wurde wieder an die Kinder weitergereicht, während sie von ihrem Diensthandy telefonierte. Es dauerte ewig. Sebis Ohr glühte, nachdem er über eine Stunde mit dem Handy im Garten verbracht hatte. Doch wie schon befürchtet, war es ein ambitioniertes Unterfangen, an einem Freitag spät nachmittags, dazu noch ohne offizielle Dienstanweisung, die gewünschten Auskünfte einzuholen. Astrid versprach jedoch, es weiter zu versuchen. Im Gegenzug erwartete sie auch eine Gefälligkeit von Sebi. »Über Pfingsten möchten Anton und ich nach Hamburg fahren. Ein Kulturwochenende zu zweit, nur mal so für uns als Paar. Seine Eltern schaffen es aber nicht mit allen drei Mädels, die wären total überfordert. Und meine Eltern sind dann in Urlaub. Könntest du Frieda und Lotte nehmen? Wir würden sie morgens am Pfingstsamstag bringen.«

»Kein Problem«, sagte Sebi ohne Zögern zu, wobei er sich im Geiste von der geplanten zweitägigen Pfingstfahrt mit dem Schachverein verabschiedete. »Da springe ich doch gern ein.«

»Super, das ist lieb. Und ich melde mich sofort bei dir, wenn ich die Daten habe.«

Wie sich in der nächsten Stunde herausstellte, hatte sich die geopferte Pfingstfahrt wahrhaftig gelohnt. Um halb sieben rief Astrid Sebi zurück. Was er den Wartenden danach mitteilen konnte, sorgte für einige Aufregung.

»Es wurde eine Prepaidkarte mit gefälschten Daten verwendet, vermutlich in der Annahme, auf diese Weise könnte man anonym bleiben. Aber bei einem Anruf wird nicht nur die SIM-Karten abhängige Rufnummer und die SIM-Kartennummer übertragen, sondern zugleich die IMEI. Das ist die Seriennummer des benutzten Handys. Wurde mit diesem Handy zuvor die reguläre SIM-Karte und Rufnummer genutzt, ist es aus mit der Anonymität. Ein Profi weiß das. Aber das Handy, mit dem angerufen wurde, gehört keinem Profi.«

Sebi gönnte sich eine Kunstpause, bevor er die Bombe platzen ließ. »Sondern einem gewissen Nick Müller, wohnhaft eine Etage höher.«

9
Schabernack

Drei Augenpaare sahen Sebi wie vom Donner gerührt an. Rosa überlegte, ob das, was er herausgefunden hatte, eine gute oder schlechte Nachricht war. Und überhaupt – logisch passte so einiges nicht zusammen. Hielt der Junge den Kater seit fünf Tagen irgendwo versteckt? Schwer vorstellbar auch, dass Nick die Glasscheibe zertrümmert hatte, um einen Einbruch vorzutäuschen. Es müsste dann schon ziemlich viel kriminelle Energie in ihm stecken. Genau dieser Meinung schien Monika zu sein. Nach der ersten Sprachlosigkeit wurde sie laut.

»Der kann was erleben!«, empörte sie sich. »Ich gehe jetzt nach oben. Und wenn ich den Kerl da antreffe, schleife ich ihn hierher und dann gibt's ein Donnerwetter!« La Belle und Luna, die ihre Kissen bisher nur verlassen hatten, um zu fressen oder das Katzenklo aufzusuchen, huschten verschreckt unter das Sofa, als Monika wutentbrannt aufsprang. Rosa sah ihr hinterher. Das eng geschnittene Kleid erlaubte der Züchterin nur kleine Schritte, doch dieses Handicap konnte sie nicht ausbremsen. Es war lustig anzusehen, wie sie mit höchster Schrittfrequenz erstaunlich schnell durch Wohnzimmer und Flur in Richtung Treppenhaus tippelte.

Auch Thilo sperrte Mund und Augen auf. So in Rage hatte er Monika wahrscheinlich auch noch nicht erlebt.

Fünf Minuten später kehrte sie in Begleitung zweier ziemlich schuldbewusst wirkender Jungs zurück. Sämtliche Hip-Hop-Coolness, die beide mit Baggy Jeans, übergroßen T-Shirts und Basecaps ausdrücken wollten, war ihnen abhandengekommen.

»Der mit der roten Kappe ist mein Neffe Nick, der andere sein Komplize Lenny«, erklärte sie, schubste die beiden zum Tisch und deutete auf zwei freie Stühle. »Setzen.«

Die Delinquenten taten wie befohlen und rutschten nervös herum.

»Das wird noch Konsequenzen haben. Was habt ihr euch bloß dabei gedacht? Wo ist der Kater?«

»Den haben wir doch gar nicht. Wir wissen nicht, wo er ist«, antwortete Nick weinerlich.

»Lass mal gut sein, Monika, ich übernehme jetzt«, sagte Sebi in einem Ton, der keinen Widerspruch zuließ. Rosa wusste, was jetzt kam. Er hatte schon immer gern den guten Cop gegeben. Nun, falls erforderlich, würde sie Monika unterstützen und mit ihr gemeinsam den bösen Part übernehmen.

»Hallo, ich heiße Sebi und alles, was ihr sagt, bleibt unter uns. Da gebe ich meine Hand drauf. Ihr habt den Kater also nicht? Erzählt doch mal, wie ihr auf die Idee mit der Entführung und dem Lösegeld gekommen seid.«

Nick schaute zu Lenny, dann begann er stockend zu reden. »An dem Montag habe ich verpennt und musste mich beeilen, um nicht zu spät zur Schule zu kommen. Ich war schon auf der Straße, da habe ich die kaputte Scheibe entdeckt. Ich wollte nur kurz nachschauen, was los ist, bin durch den Wintergarten rein. Ein totales Chaos im Wohnzimmer, Schubladen aufgerissen und so. Und da lagen die zwei Fünfziger einfach so rum.«

»Da hast du die Scheine eingesteckt«, sagte Sebi.

»Ja.« Nick vergrub das Gesicht in den Händen.

»Ich fasse es nicht! Du solltest dich schämen, das ist ja wohl das ...«, setzte Monika an, verstummte aber nach Sebis Kopfschütteln.

Er wendete sich wieder Nick zu. »Und du hast niemand gesehen?«

»Nee, also da war keiner mehr in Tante Monis Wohnung. Das mit dem Kater hab ich erst gehört, als ich nach der letzten Stunde wieder zu Hause war. Nachmittags sind Lenny und ich nach Elberfeld gefahren und da kam uns die Idee mit dem Lösegeld. Weil Rassekatzen doch krass teuer sind.«

Lenny schaltete sich auch ein. »Jo, erst war das nur ein Joke. Nick meinte, auf dem Weg zur Schule hätte er morgens ein paar Straßen weiter eine Frau mit Katzentragetasche gesehen. Die hatte es ziemlich eilig. Da haben wir Witze drüber gerissen, vielleicht war da der Kater drin, Entführung und so. Na ja, so kamen wir drauf. Ich hatte noch eine alte Prepaidkarte, die haben wir mit falschen Daten aktiviert und in Nicks Handy eingelegt.«

»Wie habt ihr denn die Stimmen verzerrt?«, wollte Sebi von Lenny wissen.

»Robo Vox, eine Voice Changer App. Damit kann man Sound-Dateien abspeichern und alle möglichen Sachen machen. Die haben wir einfach laufen lassen.«

»Nicht schlecht. Und wie habt ihr euch die Geldübergabe vorgestellt?«

Lenny, offenbar ermutigt durch Sebis freundliche Befragung, gab zu: »Der Plan ist von mir. Vom Schwebebahnhof aus Nicks Tante in eine Schwebebahn Richtung Oberbarmen lotsen. Eine ältere, die neuen haben keine Kippfenster mehr. Wenn sie drin ist, telefonisch die Anweisung geben, den Geldbeutel kurz vor dem Firmengelände von Bayer durchs Fenster zu werfen. Deshalb auch der Gefrierbeutel, falls er in der Wupper landet. Der ist ja wasserdicht.«

Jetzt konnte Monika nicht mehr an sich halten. »Ich bin schockiert. Da hört der Spaß echt auf, das ist in höchstem Maße kriminell!«

Kriminell, aber irgendwie auch kreativ, dachte Rosa.

Sebi schien es ähnlich zu bewerten, denn er sagte fast ein bisschen anerkennend: »Ziemlich clever.« Dann änderte sich sein Ton abrupt, er polterte so dröhnend los, dass die Geständigen zusammenzuckten: »Ihr seid zu weit gegangen. Habt ihr den Kater wirklich nicht? Letzte Gelegenheit, es zuzugeben!«

Rosa war erstaunt, wie innovativ er agierte. Guter und böser Cop in einer Person, das war eine unkonventionelle Methode. Eingeschüchtert, verneinten Nick und Lenny beinahe synchron.

»Dann geschieht jetzt Folgendes: Erstens entschuldigt ihr euch in aller Form bei Monika und Thilo. Zweitens macht ihr so einen Scheiß nie mehr, darauf bekomme ich euer Ehrenwort.«

Zerknirscht leisteten Nick und Lenny den Forderungen Folge, entschuldigten sich und schworen hoch und heilig, dass sich so etwas nicht wiederholen würde.

»Drittens gibst du deiner Tante das Geld zurück, Nick.«

»Das ist ... weg ... ich hab zwei Computerspiele davon gekauft.«

»Zahl es von deinem Taschengeld in Raten zurück. Viertens zehn Arbeitsstunden für jeden von euch, denn Strafe muss sein. Bei jugendlichen Tätern wie euch ist die gemeinnützige Arbeit ein wichtiger Baustein im Sanktionensystem. Für Gemeinnützigkeit gibt es einen Spielraum, den ich mal so interpretiere: Ihr werdet ab sofort mithelfen, den Kater zu suchen.«

»Wie denn das?«, fragte Lenny nach.

Endlich kam auch Leben in den phlegmatisch vor sich hinbrütenden Thilo. »Ihr wart doch so erfinderisch, als es um den Schabernack ging, jetzt könnt ihr eure Energie auf sinnvolle Ideen lenken. Lasst euch etwas einfallen. Geht mit Steckbriefen von Tür zu Tür. Befragt Leute. Haltet die Augen und Ohren auf.«

»Genau, das ist ja wohl das Mindeste, was ihr tun könnt. Macht euch nützlich«, pflichtete Monika ihm bei. Nachdem sie ihre Hilfe bei der Suche nach Maurice zugesichert hatten, entließ Sebi die Jungs.

»Das halte ich im Kopf nicht aus. Wir sind keinen Schritt weitergekommen«, seufzte Monika, und Thilo nickte dazu resigniert.

Rosa sah das zwar ähnlich, aber sie gab ihr Bestes, die beiden aufzubauen. »Ihr müsst auch mal das Positive sehen. Die Lösegeldforderung war nur grober Unfug, Maurice ist nicht in akuter Lebensgefahr. Außerdem wissen wir jetzt sicher, dass kein Zusammenhang zwischen dem Einbruch und dem entwendeten Geld besteht. Da sonst nichts gestohlen wurde, war es wohl wirklich Vandalismus. Was wiederum heißt, dass Maurice nur weggelaufen ist und dass wir ihn wiederfinden werden. Da sind wir ganz zuversichtlich. Nicht wahr, wir sind doch zuversichtlich?« Sie stieß Sebi an.

»Ja, durchaus, ihr dürft die Hoffnung noch nicht aufgeben«, lautete seine pflichtschuldige Antwort, die, wie Rosa fand, an Optimismus ein wenig zu wünschen übrig ließ. Nach einer Flasche Wein, die Rosa und Monika fast allein leerten, da sie nicht mehr fahren mussten, schlug Sebi vor: »Thilo, dir würde eine Runde Schlaf guttun. Und Monika, du musst auch den Kopf freibekommen. Gönnt euch übers Wochenende Erholung und delegiert in meinem Namen alle weiteren Suchaktionen an die Möchtegern-Ganoven. Sie sollen die gemeinnützigen Arbeitsstunden ableisten, solange ihre Reue noch frisch ist«

Sebi freute sich auf einen ruhigen Montag im Büro. Entspannung tat nach der ergebnislosen Katersuche vom Wochenende dringend not, auch wenn er selbst gar nicht involviert gewesen war. Nirgendwo konnte er sich besser entspannen als an seinem Arbeitsplatz. Dieser befand sich praktischerweise eine Etage unter seiner Wohnung in Elberfeld an der Friedrich-Ebert-Straße. Das Auftragsbuch der Detektei war leer, es standen aktuell keine Ermittlungen an. Er würde nach unten gehen, eine bequeme, halb liegende Position in seinem ledernen Chefsessel einnehmen und bis zur Mittagspause in der neuesten Ausgabe des Fachmagazins für Kaffeeliebhaber blättern, das er abonniert hatte. Vor allem aber gedachte er keinen einzigen Gedanken an irgendwelche Katzen zu verschwenden. Das gelang hervorragend – bis zu dem Augenblick, als sich überraschend Bernd Ammermann durch die zum Stoßlüften weit geöffnete Bürotür in den Raum schob.

»Guten Morgen, Sebi! Hast du dich gut erholt im Urlaub? Schön, dass du wieder zurück bist.« Ohne eine Antwort abzuwarten, knöpfte er sein Sakko auf und nahm auf dem Besucherstuhl vor Sebis Schreibtisch Platz. »Ich hoffe, du hast etwas Zeit.«

Vielleicht ließ sich das drohende Ungemach noch abwehren. Einen Versuch war es wert. Sebi klappte die Zeitschrift zu und legte sie zur Seite. »Für dich doch immer. Aber wie das so ist, du kennst das ja selbst … « Er ließ einen tiefen Seufzer folgen. »Tja, es staut sich alles. Back to work nach dem Urlaub ist der Vorhof zur Hölle.«

Doch wie Sebi schon geahnt hatte, wurde seine Schwindelei durchschaut. Schließlich wusste Bernd genau, dass die Detektei Fink kaum mehr als eine Briefkastenfirma war. Mit einem indifferenten Gesichtsausdruck zog Bernd langsam das Heft zu sich heran und warf einen kurzen Blick auf die Titelseite. »Barista Magazin? Alle Achtung, du schaffst es trotz des Arbeitsstaus, dich in Sachen Kaffee weiterzubilden. Dann wirst du hoffentlich noch Kapazitäten für einen neuen Klienten freischaufeln können.«

»Und wer wäre dieser neue Klient?«, heuchelte Sebi Interesse.

»Sitzt dir gegenüber. Ich möchte dich hiermit ganz offiziell und gegen Honorar beauftragen, für den Verein und mich in der Katzensache tätig zu werden. Unsere Truppe im Präsidium tut die Sache als schlechten Scherz ab, und ich stehe als Vereinsvorsitzender in der Verantwortung gegenüber den geschädigten Züchtern. Die geben keine Ruhe. Du glaubst nicht, was bei mir in den letzten vierzehn Tagen los war. Wenn hier einer von Hölle sprechen kann, dann ich. Das ist Gift für meinen Bluthochdruck. Da, guck mal, ich habe mir so eine smarte Uhr zugelegt, die Gesundheitsdaten misst und aufzeichnet. Seit der Ausstellung sind alle Werte im roten Bereich. Meine Ärztin meint, so viele Pillen, wie ich bräuchte, könnte sie mir gar nicht verschreiben. Ich soll die Ursache an der Wurzel packen, Stress reduzieren.«

Sebi startete einen letzten Versuch, vom unliebsamen Thema abzulenken. »Da bin ich mit deiner Ärztin einer Meinung. Gesundheit geht vor! Darum verbeiß dich nicht in diese Sache.« Einer plötzlichen Eingebung folgend fügte er hinzu: »Ich habe dir mehrfach vorgeschlagen, dass du Kurlaub in Dangast machen solltest. Rosa und ich fahren da schon seit Jahren hin. Beim Wattwandern fällt jeder Stress von einem ab. Soll ich in unserer Pension einfach mal nachfragen, ob kurzfristig ein schönes Zimmer frei ist? Bei Frau Janssen wirst du aufs Beste versorgt. Ich verspreche dir, Bernd, wenn du vom Jadebusen zurückkommst, fühlst du dich wie neugeboren.«

Bernd wiegte den Kopf bedächtig hin und her, als schwankte er zwischen Zustimmung und Ablehnung. »Ich bin nicht abgeneigt, der Empfehlung eines guten alten Freundes und Kollegen Folge zu leisten. Frag für Mitte bis Ende Juni an. Vorher will ich aber wissen, wer hinter den Drohbriefen und der Farbattacke steckt. Brauchst du einen Vorschuss?«

Sebi stand auf, um die die immer noch geöffnete Tür zu schließen, bevor weitere Klienten unangemeldet hereinspazieren und mit Arbeit drohen konnten.

»Weder Vorschuss noch Honorar. Und dazu bitte keine weiteren Diskussionen. Möchtest du einen Kaffee?«

»Hast du Koffeinfreien da?«

»Tut mir leid, damit kann ich nicht dienen.«

»Stilles Wasser?«

»Nur aus der Leitung.«

»Gern.«

Sebi verschwand in der durch einen Schiebevorhang abgetrennten Kochnische. Nachdem er einmal tief durchgeatmet und sich selbst bemitleidet hatte, nahm er ein Glas aus dem Regal über der Spüle, drehte den Hahn auf und brachte Bernd das bestellte stille Wasser. Dann ging er zurück, um in der Siebstempelkanne einen extrastarken Kaffee aufzubrühen. Nebenbei spülte er seine schwarze Drei-Fragezeichen-Detektivtasse, ein Geschenk von Rosa zur Eröffnung der Detektei. Mit Kanne und Tasse bezog er wieder Stellung im Chefsessel. Da ein anständiger Kaffee bei seiner Brühmethode mindestens fünf Minuten ziehen sollte, nutzte Sebi die Zeit für ein erstes Update. Er berichtete dem interessiert lauschenden Pensionär, dass Rosa und er sich im Urlaub bereits mit der Sache befasst hatten. Bernd zeigte sich beeindruckt von Rosas Gedächtnisleistung. »*Artgerecht*, soso. Ich bin sehr dafür, dass ihr dieser Spur nachgeht. Parallel werde ich diskret prüfen lassen, ob der Verein schon einmal durch Aktivismus aufgefallen ist.«

Nach zwei Tassen des extrastarken Kaffee-Gebräus fühlte Sebi sich etwas aufgeputscht.

»Wie es der Zufall will, bin ich mitten im Urlaub mit einem weiteren Katzenfall betraut worden«, erzählte er wenig später Bernd und wunderte sich selbst über seine Mitteilsamkeit. Sie war, so vermutete er, die Folgeerscheinung der Überdosis Koffein.

Bernd brachten die neuen Informationen doch noch ins Schwitzen. Bisher hatte er weniger als üblich transpiriert. Nun zog er das Sakko aus, rollte die Hemdsärmel hoch und friemelte ein Stofftaschentuch hervor. Damit tupfte er sich erst die Stirn ab und ließ sich dann detailliert Bericht erstatten. Die Bergische Katzenzüchterwelt schien klein zu sein, dachte Sebi bei Bernds Zwischenbemerkungen. Hier kannte offenbar jeder jeden.

»Ach, sieh an, Monika Müller. Ein hübsches Persönchen, wir kennen uns flüchtig. Vom Blauen Berg heißt ihre Cattery. Richtig, ich erinnere mich. Ihre Katze war die letzte, die Herr Sommer bewertet hat. Er war sehr angetan, die blaue Britin hat hervorragend abgeschnitten, wohl auch einen Pokal geholt. Aber leider nahm dann ja das Unheil seinen Lauf«, kommentierte er den ersten Teil des Dramas. Auch die Namen Thilo Nowak und Maurice d'Artagnan sagten ihm etwas. Schmunzelnd eröffnete er Sebi, Maurice sei in Wuppertal bekannt wie ein bunter Hund. »Dieser Kater hat Nachkommen ohne Ende. Thilo lässt ihn jede rollige Britisch Kurzhaar Katze begatten, die nicht bei drei auf dem Baum ist. Ich glaube, er stockt damit sein Einkommen auf. Finanziell geht es ihm wohl nicht rosig. Hat viel Kummer gehabt der Junge.«

»Klingt ja so, als ob du ihn schon ewig kennst«, wunderte sich Sebi.

»Kann man so sagen. Seine Mutter hieß Amalia. Sie war eine Freundin meiner Frau. Sein Vater ist früh gestorben. Autounfall. Amalia erkrankte dann an Krebs. Sie hat lange dagegen angekämpft, aber irgendwann so wie später auch meine Ute den Kampf verloren. Thilo war bei ihrem Tod zwar schon erwachsen, aber gerade mal Anfang zwanzig. Das hat ihn ziemlich aus der Bahn geworfen, glaube ich. Ich kenne ihn aber nur flüchtig, das mit Ute und Amalia war so ein Frauending, sie haben sich meist ohne Anhang in ihrem Stammcafé getroffen. Vor vier oder fünf Jahren tauchte Thilo im Verein auf. 2014 muss das gewesen sein, ich war gerade pensioniert. Er wollte Mitglied und Züchter werden. Er hat Maurice gekauft und es sich wohl anders überlegt. Zwei Jahre lang ist er von Ausstellung zu Ausstellung getingelt, bis der Kater einen Internationalen Championtitel hatte. Seither inseriert er regional und lässt ihn gegen Gebühr Katzendamen decken.«

Sebi hatte das Häufchen Elend namens Thilo vor seinen Augen und sagte: »Ich habe aber schon den Eindruck, als ob er in ihm nicht nur eine Einnahmequelle sieht.«

Bernd gestikulierte wild. »Man merkt, dass du kein Haustier hast und vor allem keine Katze. So ein Tier ist wie ein Kind und gehört zur Familie. Thilo lebt allein, also *ist Maurice* seine Familie. *Natürlich* hängt er an ihm.«

10
Leseladen

Für den Weg zu ihrem Arbeitsplatz und zurück nutzte Rosa am liebsten den Bus. So konnte sie sich die zeit- und nervtötende Parkplatzsuche im Luisenviertel ersparen. Gut gelaunt nahm sie am Montagmorgen den CityExpress. Vielen Menschen graute es vor dem ersten Arbeitstag nach dem Urlaub, doch sie freute sich darauf. Zum einen, weil er erst um zehn begann, nur vier Stunden dauerte und sie wegen des Maifeiertags am Dienstag schon wieder frei hatte. Zum anderen, weil sie sich mit ihrer Chefin Silke hervorragend verstand. Sie kannten sich aus der Grundschule. Bei Rosas Einschulung war Silke in der vierten Klasse gewesen. Jeder Viertklässler übernahm traditionell die Patenschaft für einen Schulanfänger, und Silke wurde Rosas Patin. Fast in jeder großen Pause spielten die beiden Mädchen zusammen auf dem Schulhof. Mit Silkes Wechsel aufs Gymnasium brach der Kontakt ab. Fünfundzwanzig Jahre später führte Rosas Bewerbung in der neu eröffneten Buchhandlung *Leseladen Luise* sie wieder zusammen.

Auf der Fahrt von Cronenberg hinunter nach Elberfeld dachte Rosa an die grässliche Zeit in der Buchhandelskette zurück. Dort hatte man sie in die einsamen Tiefen des Kellergewölbes verbannt, wo sie für den Wareneingang zuständig gewesen war. Über Jahre hatten ihre hauptsächlichen Aufgaben darin bestanden, bei flackernder Neonröhrenbeleuchtung Bücherkisten zu schleppen, Lieferscheine zu kontrollieren und Abholfachzettel für Kundenbestellungen auszudrucken. Wie oft hatte sie bei Sebi, mit dem sie damals frisch verheiratet war, ihren Frust über das triste Kellerdasein abgeladen. *Ach, Sebi, ich bin den Keller so was von leid. Das ist wie im Bergbau. Immer unter Tage.*

Irgendwann hatte er bei eBay eine alte Grubenlampe ersteigert, eine Schleife darum gewickelt und sie ihr mit den Worten überreicht: »Damit dir auch unter Tage immer ein schönes Licht leuchtet, mein armer Schatz!«

Als sie kurz darauf Silkes Stellenanzeige in der Wuppertaler Zeitung entdeckte, musste sie nicht lange überlegen, schickte eine Bewerbung los und wurde zum Vorstellungsgespräch eingeladen. Spontan erkannten sie einander nicht. Beide trugen andere Nachnamen, aus Silke Franke war Silke Busch geworden und aus Rosa Reiser Rosa Fink. Auch äußerlich hatte sich viel verändert, denn als sie sich zum letzten Mal gesehen hatten, waren sie erst sieben und zehn Jahre alt gewesen. Rosa erinnerte sich noch, dass an der blassen, blonden Silke damals die dunkle Brille das Auffallendste war. Jetzt trug sie Kontaktlinsen, bunten Lagenlook, überweite Pluderhosen und jede Menge Modeschmuck. Ihr Haar war nicht mehr blond, sondern feuerrot, passend zum extravaganten Kleidungsstil.

Nachdem der Groschen bei beiden gefallen war, bekam Rosa den Job. Sie konnte endlich wieder Bücher fürs Lager bestellen und ihre Favoriten empfehlen. Natürlich musste auch der Wareneingang gemacht werden, aber nicht isoliert im Keller. Außerdem wechselte man sich ab. Im winzigen Leseladen Luise, mit Rosa als fest Angestellter, einer Auszubildenden und zwei bis drei Aushilfen, war echte Teamarbeit angesagt. Darum hatte sie den Wechsel nie auch nur eine Sekunde bereut. Allerdings kämpfte der Leseladen seit einiger Zeit ums Überleben. Nur die treue Stammkundschaft allein konnte den Laden nicht am Laufen halten, und neue Kunden wuchsen kaum nach. Viele wanderten zur Online-Konkurrenz ab. Vor zwei Jahren hatte Silke aus betrieblichen Gründen Rosas Vollzeit- in eine Teilzeitstelle umwandeln müssen. Mit einem Nebenjob in der Schulbibliothek, wo sie mittwochs und donnerstags aushalf, kam Rosa aber trotzdem über die Runden. Beide Jobs machten ihr Spaß, und das war das Wichtigste.

An der Haltestelle Wall/Museum stieg Rosa aus dem Bus. Die vor einer halben Stunde noch dichte Wolkendecke hatte sich aufgelockert, und Rosa stellte fest, dass sie viel zu warm angezogen war. Sie schlang ihre Übergangsjacke um die Hüften und nahm frohgemut Kurs auf die Straße, nach der die Buchhandlung benannt war. Doch als sie zehn Minuten später den Laden an der Luisenstraße erreichte, war es mit ihrer guten Laune beim Anblick der weithin leuchtenden neuen Schaufensterdekoration schlagartig vorbei. Das konnte doch wohl nicht wahr sein! Den Hintergrund bildete eine Pappwand in schrillem Pink. Sie war mit violetten Herzchen bedruckt. Einzelne künstliche pinke Rosen lagen verstreut auf dem mit einem goldenen Samttuch bedeckten Boden. In der Mitte erhob sich ein Aufsteller in Herzform, der mit farblich passenden Erotikromanen bestückt war. Die Bücher und das scheußliche Deko-Material gehörten zu einer Werbeaktion, die Rosa und Silke bereits beim Durchblättern der Frühjahrs-Vorschauen Augenschmerzen verursacht hatte. Ihr mit einem roten Filzstift daneben geschriebenes fettes NEIN musste unübersehbar gewesen sein. Offenbar war die Verlagsvertreterin beim Anpreisen der Aktion trotzdem auf offene Ohren gestoßen. Und da kam nur eine infrage, nämlich Lucy. Silke hätte ein Veto einlegen müssen, aber sie konnte sich schlecht durchsetzen. Das hatte die Azubine mit ihrem Faible für prickelnde Liebesromane schamlos ausgenutzt, wohl wissend, dass sie bei Rosas Rückkehr keine Sanktionen fürchten musste. Lucys Urlaub begann heute, sie stieg wahrscheinlich gerade in den Flieger nach Mallorca und war fein raus aus der Nummer.

Im Laden war Silke schon damit beschäftigt, die Kasse mit Wechselgeld zu bestücken. Bevor Rosa sich über das Schaufenster des Grauens beschweren konnte, wurde sie überschwänglich umarmt, geküsst und begrüßt. »Gut siehst du aus, hast richtig Farbe bekommen! Und abgenommen hast du! Sag ich doch, Intervallfasten ist besser als jede Diät.«

Rosa, die kein einziges Gramm verloren hatte, verzichtete darauf, vom Misserfolg der Fastenkur zu berichten. Immerhin hatte sie nicht zugenommen, das korallenrote T-Shirt passte wie angegossen. Es gab außerdem genug anderen Gesprächsstoff. Viel zu tun war nicht, nur vereinzelt betrat Kundschaft den Laden. Montags kamen auch keine größeren Lieferungen, die ausgepackt werden mussten. Das Schaufenster konnte warten, zuerst erzählte sie ausführlich von der Katzenausstellung, von den blauen Kätzchen, der Aufregung um die Farbsprüher und vom verschwundenen Kater. Den Urlaub handelte sie ziemlich kurz ab. Doch das reichte Silke nicht.

»Das Wichtigste lässt du natürlich aus. Den Antrag am Wattenmeer. Hast du nun endlich ja gesagt?«

Rosa stutzte. Jetzt erst realisierte sie in aller Konsequenz, dass besagte Frage, auf die Silke sich bezog, ausgeblieben war. »Nein, habe ich nicht. Weil er mich nicht gefragt hat.«

Silkes Enttäuschung war unübersehbar. Rosa wusste, dass sie große Stücke auf Sebi hielt und sein neun Jahren auf ein Happyend in der Sache hoffte.

»Er hat dich nicht gefragt? Aber er fragt doch jedes Jahr!«, insistierte Silke.

»Diesmal hat es sich einfach nicht ergeben. Das ganze Theater um die Katzen, und wir sind doch so überstürzt zurückgefahren.«

Der Versuch einer Erklärung misslang gründlich. Weder Silke war mit der Antwort zufrieden noch Rosa. Zum Glück musste sie das Thema nicht an Ort und Stelle weiter vertiefen, da Herr Pinnenkötter den Laden betrat und zielstrebig auf sie zusteuerte. Er war ein langjähriger Stammkunde. Als Frührentner brachte er immer viel Zeit in Kombination mit wenig Kaufkraft mit und wollte ausführlich beraten werden. Seine Vorliebe galt skandinavischen Kriminalromanen, die einzigen Krimis, die auch Rosa gern las.

»Da sind Sie ja wieder, Frau Fink«, freute er sich. »Ich habe Sie schmerzlich vermisst. Was können Sie mir denn heute Neues empfehlen?« Rosa stellte ihm acht Frühjahrsnovitäten vor, und nach einem anderthalbstündigen Beratungsgespräch, bei dem Herr Pinnenkötter alle Titel auf einem Zettel notierte, entschied er schließlich nach Preis. Er nahm das günstigste Buch, wie immer. Es war das, welches Rosa ihm genau aus diesem Grund auch zuerst gezeigt hatte. Erschöpft vom langen Reden zog sie sich danach in den hinteren Bereich des Ladens zurück und rief am Computer die Abverkaufsliste der Titel aus dem Erotik-Paket auf. Die waren doch tatsächlich wie geschnitten Brot gegangen. Wahrscheinlich wegen der kribbelnden Schmetterlinge im Bauch. Da die Aktion so gut ankam, bestellte sie Nachschub und leistete im Geiste bei Lucy Abbitte. Zu guter Letzt widmete sie sich dem Aufräumen der Hobbyabteilung, wobei sie jedes Buch mit der Aufschrift Katzen aus den Regalen zog, bis sie auf einen Ratgeber mit vielen süßen Bildern und dem Titel *Kätzchen für Anfänger* stieß. Den legte sie zur Seite, um ihn sich am nächsten Tag genauer ansehen. Denn jetzt hatte sie Feierabend.

Draußen ließ sie noch einmal das Schaufenster auf sich wirken. Okay, es war definitiv ein Hingucker. Wenn auch ein scheußlicher. Nebenbei googelte sie die Adresse des Vereins Artgerecht und die Suchmaschine spuckte das Ergebnis Schusterstraße aus. Offizielle Öffnungszeiten gab es anscheinend nicht. Rosa kannte die Straße, sie war von hier aus fußläufig erreichbar. Nach einem steilen Anstieg führten die Stufen des Tippen Tappen Tönchen hinauf in die Nordstadt. Den Höhenunterschied zu überwinden, war ähnlich anstrengend wie eine Wattwanderung durch tiefsten Schlick. Im hügeligen Wuppertal gab es so viele Treppenanlagen, dass man sich mit dem Superlativ schmücken konnte, die treppenreichste Stadt Deutschlands zu sein. Das alte, verwinkelte Tippen Tappen Tönchen war nicht die längste oder steilste Treppe, da gab es noch ganz andere Kaliber. Rosa kannte sie fast alle. Sie war schließlich gebürtige Wuppertalerin. Oder *Barmerin*, wenn es nach ihren Eltern ging. Die meisten Treppen war sie auch schon rauf- und runtergestiegen. In letzter Zeit ein eher mühsames Unterfangen, die überflüssigen Pfunde machten sich bemerkbar.

Rosa war noch unentschlossen, ob sie auf Verdacht den Grünewalder Berg und dann die mehr als hundert Stufen im Zickzack den Ölberg hinaufmarschieren sollte. Es konnte gut sein, dass sie bei Artgerecht niemanden antreffen würde.

Während sie noch vor dem Laden stand und überlegte, nahte Entscheidungshilfe in Gestalt des Mannes, der ihr keinen Heiratsantrag gemacht hatte. Sebi zu übersehen, war schlichtweg unmöglich. Der Größe wegen, aber auch, weil er eines seiner Tom-Selleck-Gedächtnishemden trug. Seit Jugendzeiten war Sebi ein Fan der Krimiserie Magnum. Da es zu einem Ferrari nie gereicht hatte, auch nach der Erbschaft nicht, beschränkte er sich auf eine Sammlung von Hawaiihemden im Stil des Hauptdarstellers. Immer, wenn sie während der Ehejahre mal wieder eines zu heiß gewaschen oder gebügelt hatte, natürlich versehentlich, war Sebi losgezogen, um für Nachschub zu sorgen. Nachdem er keine Uniform mehr tragen musste, frönte er seiner Leidenschaft hauptsächlich bei der Arbeit. Hawaiihemden waren seine bevorzugte Dienstkleidung im Büro. Inzwischen hatte Rosa sich an die Marotte gewöhnt. Sollte das Kind im Manne doch Detektiv spielen. Solange er sich keinen Schnäuzer wachsen ließ und die Hemdknöpfe nicht bis zum Bauchnabel öffnete, konnte sie damit leben.

»Das ist ja eine Überraschung. Was machst du hier? Waren wir verabredet?«, fragte Rosa erstaunt.

»Nein, das nicht. Aber ich weiß ja, wann du Schluss hast. Eben bin ich höchst offiziell von Bernd mit den Ermittlungen im Katzenfall beauftragt worden. Na ja, und da er mächtig Druck macht, dachte ich, wir könnten diese Tierrechtler gleich mal zusammen angucken, wenn du spontan Zeit hast. Ist nicht weit von hier.«

»Zwei Dumme, ein Gedanke«, stellte Rosa fest. »Das hatte ich tatsächlich gerade auch vor.«

»Ohne mich zu informieren? Im Alleingang?« Sebis Stimme klang eine Oktave tiefer, wie immer, wenn er verstimmt war.

»Vielleicht hätte ich dich vorher angerufen. Zusammen ist besser, vier Ohren hören mehr als zwei. Falls es überhaupt was zu hören gibt. Keine Ahnung, ob die geöffnet haben.«

Sebi schien besänftigt zu sein. Seite an Seite setzten sie sich langsam in Bewegung. Rosa grinste, als sie an einer Scheibe vorbeischlenderten, in der sich zwei Paradiesvögel spiegelten. Ein großer, braun gebrannter, stämmiger Kerl, dessen babyblaues, im frühlingshaften Lüftchen flatterndes Hemd unzählige Flamingos und Palmen zierten, neben einer kurzbeinigen Drallen im engen korallenroten Shirt. Sie gaben ein lustiges Paar ab.

»Was heißt denn offiziell beauftragt?«, fragte sie nach.

Sebi erzählte von Bernds Ärger mit den Züchtern und schloss damit, dass er das angebotene Honorar abgelehnt hatte. »Ich nehme doch von Bernd kein Geld an. Das ist ein Freundschaftsdienst.«

»Pffft «, brachte Rosa vor, um klarzustellen, wie wenig sie von seinem freundschaftlichen Geschäftsmodell hielt. Mehr konnte sie nicht sagen, weil ihr die Luft fehlte. Sie erklommen inzwischen die Treppe. Auf halber Höhe stand eine mit Aufklebern und Graffiti übersäte Bank. Sie sah zwar nicht gerade einladend aus, aber es war eine Sitzgelegenheit! Beherzt watete Rosa durch Kippen und Flaschenscherben, um sich kurz auszuruhen. Sebi tat es ihr nach und nahm neben ihr Platz. Sein schwerer Atem deutete darauf hin, dass er ebenfalls nicht in der Form seines Lebens war.

Monika versuchte sich unterdessen in ihrem Homeoffice auf die Gestaltung einer Werbeanzeige zu konzentrieren. Vergeblich, denn La Belle strich ihr schnurrend um die Waden. Als Monika nicht wunschgemäß reagierte, sprang die Katze auf den Schreibtisch, pflanzte sich vor den Bildschirm und versperrte die Sicht. Sie ließ sich nicht wegschieben. Weiterarbeiten war so unmöglich.

Monika wunderte sich über die Penetranz der sonst so zurückhaltenden La Belle. »Hast du denn schon wieder Hunger, meine Süße?«

La Belle bejahte die Frage durch ein freudiges Miauen. Leichtpfötig hüpfte sie vom Schreibtisch und eilte mit steil aufgerichtetem Schwanz in die Küche voraus. Monika stand seufzend auf, um eine Dose zu öffnen. Sie hatte beide Katzen erst vor einer Stunde gefüttert. Luna schlief satt und zufrieden auf der Fensterbank, aber La Belles Nachholbedarf war enorm. Kein Wunder nach der Zeit mit Maurice im Wintergarten. Beide hatten ihr Futter drei Tage lang kaum angerührt. Ach ja, der Kater. Beim Gedanken an ihn musste sie erneut aufseufzen, denn er war noch immer spurlos verschwunden. Sogar Thilo hatte die Hoffnung inzwischen aufgegeben, dass Maurice plötzlich unter der Hecke auftauchen würde, und war heute zu Hause geblieben. Sie hatte sich so daran gewöhnt, Thilo im Garten zu sehen, wenn sie nach draußen schaute, dass sie den Anblick fast vermisste. Nick und Lenny hatten am Wochenende noch Freunde mobilisiert und weit mehr als zehn Stunden damit verbracht, das ganze Zooviertel mit einem Rucksack voller Steckbriefe abzuklappern. Die hatten sie an Anwohner verteilt und bei der Gelegenheit gefragt, ob jemand etwas wüsste. Ohne Ergebnis. Die Auskunft der Frau vom Ordnungsamt war auch heute Morgen wieder negativ. Neue Fundtiere, ja, aber kein blauer Britisch Kurzhaar Kater. Mehr konnte man wohl wirklich nicht tun. Die Möglichkeiten waren ausgeschöpft. Es stand zu befürchten, dass Thilo nie Aufschluss über den Verbleib des Katers erlangen würde. So eine quälende Ungewissheit musste schrecklich sein. Monika hatte hin und her überlegt, was sie dem armen Kerl Gutes tun könnte. Ob er in einem Nachkommen von Maurice Trost finden würde? Aber derzeit war völlig offen, ob La Belle trächtig war. Man musste noch etwas abwarten. Für Anfang nächster Woche würde sie einen Termin beim Tierarzt vereinbaren. Er konnte Föten schon vierzehn Tage nach der Paarung ziemlich sicher ertasten. Endgültige Gewissheit würde dann später eine Ultraschalluntersuchung bringen.

Monika setzte sich an ihren Mac und startete einen neuen Anlauf, die Werbeanzeige zu layouten. Weit kam sie nicht. Diesmal störte das Läuten des Bürotelefons ihren Flow. Es wurde keine Nummer angezeigt. Ein anonymisierter Anruf, vielleicht ein Neukunde. Sie meldete sich förmlich mit »Büro für Grafik & Design, Monika Müller« und zuckte zusammen, als eine tiefe Frauenstimme ihr grußlos ins Ohr trompetete: »Alexandra hier. Schaust du nicht aufs Handy? Ich versuche schon eine Stunde, dich zu erreichen. Habe dir auf allen Kanälen Nachrichten geschickt, dass du dich bitte dringend sofort melden sollst.«

Ihre Züchterkollegin Alexandra Shevchenko! Der hatte sie ihre Festnetznummer nie gegeben. Sie musste nach dem Firmeneintrag gesucht haben. Monikas Handy lag ausgeschaltet im Wohnzimmer. Während der Arbeit platzierte sie es immer außer Sicht- und Reichweite, weil sie erfahrungsgemäß sonst zu viel Zeit mit Instagram, WhatsApp und Facebook Messenger verlor.

»Hallo, Alexandra, oh, das tut mir leid. Was gibt es denn so Dring...?«

Alexandra ließ sie nicht ausreden. »Bei dir wurde doch eingebrochen und danach war der Kater vom Nowak weg. Und jetzt halt dich fest, mein Whissie ist auch weg. Aus dem Außengehege. Die Tür stand einen Spalt auf, und ich weiß, dass ich sie heute Morgen nach dem Füttern geschlossen habe. Du musst sofort diesen Detektiv kontaktieren, von dem du mir erzählt hast! Der da zusammen mit seiner Frau ermittelt. Oder glaubst du an Zufälle?«

11
Artgerecht

Die kurze Verschnaufpause auf der Bank war dringend nötig. Sebi nutzte sie, um mit Rosa die weitere Vorgehensweise abzustimmen. Er hatte sich dazu schon ein paar Gedanken gemacht. Falls sie bei Artgerecht jemanden antreffen würden, sollte Rosa erst einmal das Reden übernehmen. »Mach ein bisschen Small Talk. Ich sitze nur dabei, tue relativ unbeteiligt, höre aber genau zu, beobachte und verschaffe mir einen Eindruck. Dann erzähl, dass du kürzlich auf der großen Katzenausstellung warst und diese Britisch Kurzhaar so toll fandest, dann jedoch unsicher warst. Wegen Rasse, Zuchtproblematik, Tierschutz. An passender Stelle schalte ich mich ein – dann in meiner Rolle als Ermittler. Eventuell muss ich etwas unkonventionell vorgehen. Mal sehen, wie die Reaktion ausfällt und was mir mein Bauchgefühl dazu sagt.«

Rosa antwortete: »So machen wir das. Klingt nach einem zweckdienlichen Plan«, obwohl sie ihm normalerweise fast schon gewohnheitsmäßig in allem widersprach. Der Grund für ihr sofortiges Einverständnis war vermutlich ihre Neugier auf das, was er als unkonventionell bezeichnete. Er hatte es darauf angelegt, sie damit zu ködern. Ja, er wusste genau, wie Rosa tickte, auch wenn sie das selbstverständlich abstreiten würde.

Einigermaßen ausgeruht nahmen sie die letzten Treppenstufen in Angriff und erreichten fünf Minuten später den Schusterplatz, der die enge Bebauung des Gründerzeitviertels auflockerte. Links verlief die Schusterstraße. Wie auf dem gesamten Ölberg prägten viergeschossige Bauten das Straßenbild. Einige waren gut erhalten, andere wirkten verwahrlost. Wie sich herausstellte, versteckte sich der Zugang zum Verein Artgerecht im Hinterhof eines der besonders heruntergekommen Häuser, dessen ursprünglich reich verzierte Fassade großflächig bröckelte. Die Farbschmierereien, die es verschandelten, verdienten beim besten Willen nicht die Bezeichnung Graffiti. Umso mehr überraschte der gepflegte, üppig bepflanzte Hof, eine grüne Hinterhof-Idylle. Die Tür zum Vereinsheim stand offen. Ein riesiger struppiger Hund und drei Katzen dösten einträchtig vor dem Eingang in der Sonne, die noch hoch genug stand, um einen Teil des Hofes in Licht zu tauchen. Der Hund hob kurz den Kopf, ließ ihn jedoch wieder desinteressiert auf die Pfoten sinken. Sebi sah, dass er nur ein Auge hatte und grau um die Schnauze war. Auch die Katzen schienen nicht mehr die Jüngsten zu sein. Zwei getigerte lagen wie tot da, eine schwarze streckte sich, musterte sie aus trüben Augen und verschwand auf drei Beinen im Inneren des Häuschens.

»Dein Part beginnt, walte deines Amtes«, sagte Sebi und ließ Rosa den Vortritt, die an die offene Tür klopfte und ein fragendes »Hallo?« in den anscheinend leeren dämmrigen Raum hineinrief.

»Bin sofort da«, war eine weibliche Stimme von weiter hinten zu vernehmen. Einen Moment später erschien die Frau, zu der die Stimme gehörte. Sebi schätzte sie erst auf ungefähr vierzig, aber bei Licht betrachtet korrigierte er seine Schätzung um zwanzig Jahre nach oben. Sie gehörte zu den Frauen, die sich auch im Alter etwas Jugendliches bewahrten. Blonder halblanger Stufenschnitt, schlanke Figur, straffe Körperhaltung, geschmeidige Bewegungen, sportliches Outfit – aber die tiefen Falten im gebräunten Gesicht und am Hals verrieten doch, dass sie bestimmt schon auf die sechzig zuging. Sie stellte sich bei der Begrüßung als Gerlind Burger vor. Das Glück war ihnen hold, denn wenn er sich richtig erinnerte, lautete so der Name der Vorsitzenden, die in dem Zeitungsartikel zitiert worden war. Nachdem Rosa sie beide der Einfachheit halber als Frau und Herrn Fink vorgestellt, ihr Sprüchlein aufgesagt und Interesse bekundet hatte, mehr über die Arbeit des Vereins zu erfahren, bot Frau Burger ihnen etwas zu trinken an, das sie als *Matsche* bezeichnete. Ohne die geringste Ahnung, um welches Getränk es sich handelte, tat Sebi es Rosa nach und nickte, woraufhin Frau Burger mit den Worten »Ich schlage ihn in der Küche frisch auf« in die hinteren Räumlichkeiten entschwand. Sebi nutzte ihre Abwesenheit, um Rosa zu fragen: »Grundgütiger, was ist *Matsche*?«

»Matcha. Das ist so eine Art belebender Grüntee. Enthält Koffein«, klärte sie ihn auf.

Wenig später transportierte Frau Burger auf einem Tablett drei bauchige Teeschalen zum Tisch in die Besucherecke. Sie waren mit einer giftgrünen, cremig-schaumig wirkenden Flüssigkeit gefüllt. Es kostete Sebi, der jegliche Art von Kräutertee verabscheute, einige Überwindung, das Zeug zu probieren. Doch es schmeckte erstaunlicherweise nicht so übel, wie es aussah, und Koffein konnte er jetzt gebrauchen, egal, in welcher Form. Während er hin und wieder die Schale zum Mund führte und winzige Schlucke nahm, lauschte er dem Gespräch. Sobald Frau Burger sich gesetzt hatte, war die dreibeinige Katze auf ihren Schoß gehüpft, wo sie sich nun rekelte und Büschel schwarzer Haare verteilte. Anders als verabredet, hielt sich Rosa nicht mit Small Talk auf. Stattdessen begann sie damit, dass sie letztens zufällig den Zeitungsartikel von Artgerecht entdeckt hätte, in dem

Tierfreunden davon abgeraten wurde, Rassekatzen zu kaufen. »Nun plagen mich Zweifel, weil ich auf einer Katzenausstellung zwei noch nicht mal geborene Kätzchen reserviert habe, weil ich die Rasse so süß fand.«

Die traurigen Merkel-Falten um Frau Burgers Mundwinkel vertieften sich. »Sehen Sie, das ist ganz typisch in Züchterkreisen. Solange es das Heimtiergesetz erlaubt, werden Rassekatzen und -hunde in der Gewissheit produziert, dass die Nachfrage da ist und die Tiere gewinnbringend verkauft werden können. Wir können nur an das Gewissen von Tierfreunden appellieren, diese Praktik nicht zu unterstützen.«

»Was kann man dagegen tun?«, mischte Sebi sich nun doch schon früher als beabsichtigt ein.

»Wir nutzen alle Möglichkeiten der Aufklärung«, stellte Frau Burger klar. »Es ist eines der Ziele unseres Vereins, Ansprechpartner zu sein und über Tierschutzprobleme zu informieren. Zucht ist für uns eine Art des Missbrauchs.«

»Und was sind die anderen Ziele?«, fragte Rosa nach.

»Nun ja, begonnen haben wir vor zehn Jahren als eine Gruppe von Tierfreunden, die sich zur Aufgabe gemacht hatten, in Not geratenen Tieren zu helfen. Einige von uns, darunter auch ich, haben längere Zeit in Spanien gelebt. Der alte Carlos, der draußen die Sonnenwärme genießt, ist einer von den spanischen Straßenhunden, die wir damals gerettet haben. Und Bonita hier auf meinem Schoß, war eine dem Tod geweihte Straßenkatze. In Spanien besteht wie in vielen anderen Ländern noch mehr als hier die Problematik von frei lebenden Hunden und Katzen, die sich unkontrolliert vermehren. Auch darüber klären wir auf.«

»Wenn ich dem Verein beitreten wollte ... wie sähe das aus? Wären damit besondere Pflichten verbunden?«

Rosa machte ihre Sache wirklich gut. Sebi wartete die Antwort ab und bereitete sich darauf vor, in Kürze zum bissigen Beamten zu mutieren.

»Keine Sorge, wir freuen uns bei Artgerecht über jedes neue Mitglied, ob passiv oder aktiv«, versprach Frau Burger. »Bei einer passiven Mitgliedschaft unterstützen Sie unsere Arbeit mit einem kleinen Jahresbeitrag und darüber hinaus optional mit Spenden. Wir sehen es aber natürlich auch gern, wenn Sie aktiv an der Vereinsarbeit teilnehmen. Einmal monatlich findet hier ein Treffen statt. Wir tauschen uns dann untereinander aus, besprechen Termine und bereiten auch Aktionen vor.«

Damit hatte sie eine Steilvorlage für Sebis Überraschungsangriff geliefert.

»Aktionen wie den Sprühangriff auf Rassekatzenausstellungen?«

Er beobachtete die Veränderung in Frau Burgers Gesicht. Der urplötzlich brüske Verhörton verfehlte seine Wirkung nicht. Nach der ersten Schrecksekunde bildeten sich zusätzlich zu den Merkel-Falten zwei senkrechte Linien zwischen ihren Brauen, und als sie den Mund wieder öffnete, klang ihre Stimme schrill.

»Ich verbitte mir derartige Unterstellungen! Wie kommen Sie darauf? Was erdreisten Sie und Ihre Frau sich überhaupt, mich unter fadenscheinigen Vorwänden über die Vereinsarbeit auszufragen?«

»Ex-Frau«, korrigierte Sebi. »Aber das nur am Rande. Ich begleite sie sowohl privat in der Katzenangelegenheit als auch in meiner Eigenschaft als Polizeikommissar. Denn zufällig ermittele ich in der Sache.«

Die Halbwahrheit kam ihm überzeugend über die Lippen. Er nutzte das Überraschungsmoment, um einen Ausweis im Scheckkartenformat zu zücken, der seinem früheren Polizeiausweis ähnelte. Das war natürlich etwas mehr als nur unkonventionell. Sich als Polizist im Dienst auszugeben, war Amtsanmaßung und somit strafbar. Sei's drum. Bernd wusste Bescheid. Notfalls würde er beim Polizeipräsidenten höchstpersönlich ein gutes Wort für ihn einlegen. Er sah, dass Rosa ihm einen Seitenblick zuwarf. Das Pokerface, das sie dabei aufsetzte, konnte man nur als professionell bezeichnen.

»Können wir nun wieder sachlich werden und uns den Fakten zuwenden? Sie haben im Presseinterview den Ausdruck dekadenter Rassenwahn benutzt, ist das richtig?«

Frau Burger schob die Kinnpartie trotzig vor. »Jawohl, das ist richtig. Man muss manchmal etwas provozieren, um die Leute aufzurütteln.«

»Wie weit gehen Sie denn üblicherweise mit dem Aufrütteln? Bis zum Besprühen unschuldiger Katzen mit Farbe?«

Erneut stritt die Vereinsvorsitzende diesen Vorwurf ab, und ihre Entrüstung wirkte echt. »Ich weiß von dem Vorfall, es stand ja groß in der Zeitung. Aber bei uns sind Sie an der falschen Adresse, wir haben nichts damit zu tun. Im Unterschied zur PETA sehen wir uns bei Artgerecht nicht als Aktivisten. Es gibt viele Möglichkeiten, sich für Tiere stark zu machen. Wir nutzen nur die legalen, mit Fokus auf Öffentlichkeits- und Pressearbeit. Das steht ganz klar so in unserer Satzung. Wer dagegen verstößt, wird verwarnt und kann auch aus dem Verein ausgeschlossen werden.«

»Gibt es hier einen Drucker?«, fragte Sebi übergangslos. »Und falls ja, welches Modell?«

Irritiert deutete Frau Burger auf ein Regal hinter dem Schreibtisch. »Ist ein älterer Tintenstrahldrucker, aber welches Modell, da bin ich überfragt. Wenn Sie es genau wissen wollen, schauen Sie nach.«

Sebi stand auf und sah sich das Gerät an, obwohl es nicht das war, mit dem die Drohbriefe gedruckt worden waren. Das hatte sich eindeutig als Laserdrucker identifizieren lassen. Bevor er sich wieder auf den Stuhl setzte, zog er zusammengefaltete Kopien der drei Briefe aus seiner Hosentasche.

»Danke. Was ich Sie in dem Zusammenhang noch fragen wollte: Kommen Ihnen diese Formulierungen irgendwie bekannt vor?« Er las vor: »Schluss mit dem dekadenten Rassenwahn! Würdelose Rassen-Schau. Und so weiter.« Er strich die Blätter auf der Tischplatte glatt und schob sie zu Frau Burger rüber. »Hier, können Sie behalten.«

Sie nahm eines der Schreiben in die Hand und betrachtete es mit zusammengekniffenen Augen. »Ohne Brille kann ich das nicht entziffern.« Sie setzte die Katze vorsichtig ab, um aufzustehen und ihre Brille zu suchen. Nachdem sie ihren Platz wieder eingenommen und die Briefe gelesen hatte, sagte sie: »Ich verstehe, wie Sie auf uns kommen. Tatsächlich bringen zwei dieser Schreiben etwas überspitzt unsere Meinung zum Thema Zuchtbetriebe auf den Punkt. Aber ich versichere Ihnen nochmals, dass unser Verein diese Art von Aktivismus ablehnt. Das Einzige, was wir bei Ausstellungen machen, ist das Verteilen von Flyern. Und in dem Fall noch nicht mal das.«

»Sie meinen die hier?«, erkundigte sich Rosa und griff nach einem Stapel mit Zetteln im DIN-A5-Format.

»Ja, das sind sie. Wir dürfen sie so gut wie nie in den Räumen auslegen, darum machen wir nur noch einfache Handzettel. Die verteilen wir draußen, das kann uns niemand verbieten. Aber bei der Katzenausstellung hat es in Strömen geregnet.«

Rosa reichte Sebi einen der Zettel und er überflog den Text.

Tiere in der gewünschten Farbe und Form zusammenbauen?
Nein, danke!
Als sensibles Lebewesen sollte kein Tier zu einem Ausstellungsobjekt werden. Viele Zuchtverbände nehmen Gesundheitsprobleme, Leiden und Krankheiten der Tiere zugunsten des äußeren Erscheinungsbildes in Kauf. Der Verein Artgerecht appelliert an Sie als Tierfreund/in. Tragen Sie nicht zur Nachfrage nach bestimmten Rassen bei, son-

dern geben Sie heimatlosen, hilfsbedürftigen und Tierheimtieren ein liebevolles Zuhause.

Neben Sebi wippte Rosa, die den Flyer zur Seite gelegt hatte, immer heftiger mit dem rechten Fuß. Die Schwingungen wirkten auf ihn tendenziell aggressiv. Der Eindruck täuschte nicht, wie Sebi feststellte, als Rosa sich an Frau Burger wandte. Sie war von Kopf bis Fuß auf Krawall gebürstet.

»Wissen Sie, was mich aufregt? Die Art und Weise, wie Sie den Menschen, die ein Tier beim Züchter kaufen, ein schlechtes Gewissen machen. Verstehen Sie mich nicht falsch, sich für Tierschutz und Tierrechte einzusetzen, finde ich wichtig. Aber Sie und Ihr Verein schwingen die moralische Keule, indem Sie Zuchtbetriebe pauschal verurteilen.«

Frau Burgers Versuch eines Einwands fegte Rosa mit einer energischen Handbewegung zur Seite. »Bestimmt gibt es schwarze Schafe, doch nur weil jemand eine bestimmte Rasse züchtet und ausstellt, ist er noch lange kein ausbeuterischer Tierquäler. Und wer eine Rassekatze aus einer seriösen Zucht kaufen möchte, darf nicht automatisch als verantwortungslos abgestempelt werden, weil seine Motive nicht so selbstlos waren wie Ihre, als Sie die spanischen Notfälle Carlos und Bonita aufgenommen haben!«

Da hatte sich Rosa ja ganz schön in Rage geredet. Sebi schaute zu Frau Burger, die erst einmal abwartete, ob Rosa fertig war mit ihrer Ansage. Vielleicht dachte sie auch nur intensiv nach, bevor sie antwortete: »Unter Tierschützern gibt es konträre Meinungen zur Tieradoption aus dem Ausland. Als Argument dagegen wird auf die Tiere in deutschen Tierheimen verwiesen, die vergeblich auf ein neues Zuhause warten, weil aus anderen Ländern hilfsbedürftiger Nachschub kommt. Doch wer das Elend vor Ort hautnah miterlebt, hat eine andere Sicht auf die Dinge. Was die Züchter anbelangt, differenzieren wir in der Tat nicht zwischen Hobbyzucht und Zuchtfabrik. Darüber könnte man endlos diskutieren.«

Sebi verspürte keine Lust auf eine endlose Diskussion. Sie hatten mehr als genug Zeit bei Artgerecht vergeudet, eine heiße Spur konnte er nicht erkennen. Lediglich eine Bemerkung von Frau Burger über die Satzung des Vereins kreiste in seinem Kopf.

»Vielen Dank für Ihre Informationen, Frau Burger. Das wäre es von meiner Seite aus auch fürs Erste. Wären Sie noch so freundlich, mir eine Ausfertigung Ihrer Vereinssatzung mitzugeben?«

Rosa dankte der Schwerkraft, die den Weg bergab ungemein erleichterte. Anders als beim Hinaufmarschieren hatte sie genug Puste und konnte diese verwenden, um ihrem Ärger über das Schwarz-Weiß-Denken der Artgerechtler Luft zu machen.

»Ich handele also moralisch verwerflich, wenn ich meine Kätzchen bei Monika kaufe? Klar warten im Tierheim viele Katzen auf ein neues Heim. Oder in Wuppertal wahrscheinlich in privaten Pflegestellen, seit das Tierheim dicht gemacht hat. Aber wir waren nun mal auf der Ausstellung. Diese murmeläugigen blauen Briten finde ich so knuffig und ich habe deswegen kein schlechtes Gewissen.« Sie redete weiter, bis ihr auffiel, dass von Sebi nur ein gelegentliches »Hmm hmm« kam. Er schien mit seinen Gedanken woanders zu sein. Nach einem Blick auf die zusammengerollte Vereinssatzung, die aus seiner Hosentasche ragte, fragte sie schließlich: »Was willst du eigentlich mit dem Ding?«

»Ich weiß nicht. Die Burger hat doch etwas von möglichen Verwarnungen und dem Ausschluss aus dem Verein bei Verstößen gegen die Richtlinien gesagt. Mal sehen, ob das hier wirklich so drinsteht.«

Rosa horchte auf. »Also hältst du einen Zusammenhang mit dem Verein weiterhin für möglich?«

»Eine direkte Verbindung ist unwahrscheinlich. Es wäre aber interessant zu wissen, ob in der Vergangenheit Mitglieder verwarnt oder ausgeschlossen wurden.«

Die Richtung, in die Sebi dachte, fand Rosa spannend. Ein Einzeltäter? Die inhaltlichen Ähnlichkeiten der anonymen Schreiben mit dem Flyer von Artgerecht konnten kein Zufall sein. Vielleicht hatte ein Artgerechtler im Alleingang gehandelt. Doch im Moment verspürte sie wenig Lust, sich weiter mit der Sache zu befassen. Ihr Magen knurrte. Offenbar so laut und vernehmlich, dass auch Sebi es gehört hatte. »Kommst du noch mit zu mir?«, fragte er. »Ich könnte uns schnell Spaghetti kochen. Mit selbst gemachter Soße all'Arrabiata, davon steht noch ein Glas im Kühlschrank.« Sebis scharfe Soße war etwas, das Rosa nicht ablehnen konnte. Außerdem befanden sie sich inzwischen wieder auf der Luisenstraße und bis zu seiner Wohnung in der Friedrich-Ebert-Straße waren es keine fünf Minuten.

Als sie eine Stunde später den leeren Teller satt und zufrieden zur Seite schob und auf ihr Handy schaute, war noch der Flugzeugmodus aktiv, den sie beim Gespräch mit Frau Burger eingeschaltet hatte. Darum las sie Monikas vor über zwei Stunden gesendete Nachricht erst jetzt.

»Sebi?«, schrie sie gegen den Lärm der Siebträgermaschine an, mit der er in der Küche Espresso zubereitete.

»Ja?« Er steckte den Kopf durch die Tür.

»Monika schreibt, dass seit heute noch ein anderer Zuchtkater vermisst wird. Bernd weiß auch schon Bescheid.«

Sebi hob die gefalteten Hände wie im Gebet zum Himmel. »Ich bin Katzenallergiker! Womit habe ich das nur verdient?«

12
Bravehearts

Um halb acht abends traf Sebi bei Alexandra Shevchenko ein, eine halbe Stunde später als am Nachmittag verabredet. Monikas Golf Kombi und Bernds wuchtiger Volvo standen schon auf dem Seitenstreifen. Neben ihm saß Rosa, auf der Rückbank der Grund für die Verspätung. Sie hatten Thilo auf Monikas Bitten hin aus Barmen abgeholt, da sein Auto nicht angesprungen war. An der stark befahrenen Industriestraße, die direkt entlang der Autobahn am Sonnborner Kreuz durch ein Gewerbegebiet führte, bewohnte Alexandra einen Bungalow. Er stand eingeklemmt zwischen einem Getränkemarkt zur linken und einer Autoverwertung zur rechten Seite. Direkt gegenüber befand sich ein Schrottplatz. Sebi musterte den eingeschossigen Klinkerbau mit Flachdach. Er verströmte den Charme der Siebzigerjahre. Dem originalgetreuen Zustand nach zu urteilen war er seit seiner Errichtung bestimmt noch nie modernisiert worden.

An die Begegnung mit Alexandra bei der Katzenausstellung konnte Sebi sich noch gut erinnern. Die ockergelbe Frau mit dem harten osteuropäischen Akzent und ihr blauer Kater mit den kümmerlichen Ohren hatten einen nachhaltigen Eindruck bei ihm hinterlassen. Nun hatte sie ihn, Rosa, Monika und Bernd wegen des Katers zusammengetrommelt.

Whistleblower of Bravehearts war spurlos verschwunden, genau wie Maurice.

Zu dritt strebten sie dem Hauseingang zu, wobei sie mehreren Mülltonnen ausweichen mussten, die mitten auf dem Weg aus unansehnlichen Betonplatten standen. Alexandra wartete schon auf sie. Sie füllte den Türrahmen fast komplett aus. Das war von Vorteil, weil sie mehreren Katzen, die sich hinter ihr zusammenrotteten, den Weg nach draußen versperrte. Diesmal trug sie ein Ensemble aus bodenlangem Rock und einer mit goldglitzernden Pailletten verzierten Samtbluse. Sebi ließ Rosa und Thilo den Vortritt. Seine innere Stimme riet ihm, erst einmal dezent im Hintergrund zu bleiben.

»Hallo zusammen«, begann Alexandra ihre Begrüßung freundlich und hauchte Rosa mit gespitzten Lippen ein Küsschen auf die Wangen. »Ich bin Alexandra, und deinen Namen hat mir Monika schon verraten. Rosa, schön, dich kennenzulernen.« Dann wandte sie sich Thilo zu. Mit den Worten »Wir kennen uns ja schon, lange nicht gesehen. Seit wann trägst du Bart?«, beugte sie sich zu ihm hinunter, um ihm zwei Schmatzer auf den Wildwuchs zu verpassen. Zuletzt geriet Sebi in ihr Blickfeld. Sie stutzte kurz, stemmte die Hände in die Hüften und tönte im gleichen Bass, mit dem sie ihn auch auf der Ausstellung angefahren hatte: »Ach *Sie* sind das. Ich wusste nicht, dass *Sie* der Detektiv sind. Sie gehörten doch zum Sicherheitsdienst der Ausstellung. Da haben Sie keinen guten Job gemacht.«

Inzwischen hatten sich hinter ihr nicht nur die Katzen versammelt, auch Monika und Bernd waren aufgetaucht.

Bernd hatte Alexandras Vorwurf gehört, denn er nahm seinen Freund in Schutz. »Nun sei nicht so ruppig und ungerecht. Ihn trifft keine Schuld. Und glaub mir, er ist ein fähiger Mann. Mit Sebi solltest du es dir nicht verscherzen.«

Völlig überzeugt wirkte Alexandra nicht, aber nun erhielt auch Sebi zwei Begrüßungsküsse. »Entschuldige, mir galoppieren leicht die Gäule durch, besonders, wenn es um meine Katzen geht«, sagte sie in einem versöhnlichen Ton. »Ach ja, unter Katzenfreunden duzen wir uns. Du bist also der Sebi, ich bin die Alexandra. Dann kommt mal rein in die gute Stube.«

Kaum hatten sie die schlauchförmige, mit dunklem Holz getäfelte Diele betreten, spürte Sebi das dringende Verlangen, sofort die Flucht zu ergreifen. Er litt seit der Kindheit an Klaustrophobie. Seine schwach ausgeprägten, aber dennoch vorhandenen Ängste vor engen, finsteren Räumen hatte er für gewöhnlich gut im Griff. Nur selten wurde er von Panikattacken erfasst. Aber jetzt begann er zu hyperventilieren. Gleichzeitig wurde ihm übel, wozu wahrscheinlich der strenge Geruch aus den an der Wand aufgereihten Katzentoiletten beitrug. Er bemerkte, dass auch Rosa die Luft anhielt, während Thilo für den Gestank wohl unempfänglich war. Monika und Bernd hatten sich anscheinend schon daran gewöhnt.

Sebi riss sich zusammen und folgte der Züchterin und den anderen. Linker Hand ging von der düsteren Diele ein mit beige-braunen Fliesen gekacheltes Gäste-WC ab. Durch die offenstehende Tür war zu erkennen, dass in dem winzigen Zimmer ebenfalls Katzenklos untergebracht waren. Um das stille Örtchen für sich nutzen zu können, musste ein Zweibeiner erst über die Katzentoiletten klettern und dann, sofern er sein Geschäft im Sitzen verrichten wollte, die Beine leicht verdreht seitlich platzieren, um nicht mit den Füßen in der Streu zu stehen. Der Raum daneben schien eine Art Kinder- oder vielmehr Kittenzimmer zu sein. Die Tür war ausgehangen und durch ein etwa kniehohes Brett ersetzt worden, das einem Dutzend dahinter wimmelnden Kätzchen den Weg versperrte. Die dem stillen Örtchen und der Kinderstube gegenüberliegende Tür führte offenbar zur Küche. Sie war zwar angelehnt, aber aus dem Spalt drangen Schwaden von Kochdunst, die sich wenig appetitanregend mit allen anderen Gerüchen vermischten. Sebi atmete durch den Mund, kniff die Augen zu und taumelte halb blind weiter, ohne sich umzusehen, als eine weibliche Stimme aus Richtung der Küche ihnen ein kehliges »Dotschka, ich brauche Chiilfe!« hinterher schmetterte.

Mit den Worten »Setzt euch schon mal, ich helfe eben Mama in der Küche«, entließ Alexandra ihre Gäste in den Wohnraum. Sebi sank auf einen Stuhl am Esstisch und starrte auf die Wandteppiche. Er hatte einmal gelesen, in Russland würde man sich Teppiche als Seelenwärmer und Sinnbild der Gemütlichkeit an die Wände hängen. Bei ihm hatten sie den gegenteiligen Effekt. Er fühlte sich erdrückt.

Und außerdem beobachtet. Unzählige Katzenaugen waren von den Liegeflächen eines deckenhohen Kratzbaums auf ihn gerichtet. Auf der obersten Aussichtsplattform thronte eine gefleckte Faltohrkatze mit schwefelfarbenen Augen. Dem bösen Blick nach zu urteilen, war dieses Tier vom Teufel besessen. Auch ein Sessel, ein Diwan und ein Sofa, allesamt mit bestickten Kissen bedeckt, waren von Katzen besetzt, die ihn ungeniert anstarrten. Manche hatten verkümmerte Ohren, andere extrem platte Nasen und verfilztes Fell, das schon beim Anblick Juckreiz auslöste.

Leider boten auch die großen Fensterfronten Sebis Augen keinen tröstlich grünen Zufluchtsort. Zu zwei Dritteln mit Waschbetonplatten gepflastert, verdiente der Garten diese Bezeichnung eigentlich kaum. Es gab keine Bepflanzung, lediglich etwas Gestrüpp wucherte rund um ein Gartenhaus mit großer Voliere vor sich hin. Der hühnerstallähnliche Verschlag war vermutlich die Behausung des unglücklichen Faltohrschotten.

Um ihn herum war eine Unterhaltung in Gang gekommen, die von Bernds Stimme dominiert wurde. Sebi versuchte, seine Konzentration auf das Gespräch zu richten und die Faltohrkatze mit den diabolisch schwefelfarbenen Augen auszublenden, die vom Kratzbaum gesprungen war und nun heiser schnurrend um seine Füße strich.

»Die Farbsprühaktion und das Abhandenkommen der beiden Kater – da muss es einen Zusammenhang geben«, hörte er Bernd sagen. »Das verbindende Element ist die Ausstellung. Zwar ist dein Kater, Thilo, dort nicht angetreten, aber er ist aus Monikas Haus verschwunden, und Monika gehörte zu den Ausstellerinnen, ebenso wie Alexandra.« Bernd legte eine Pause ein, um zu ergänzen: »Je länger ich darüber nachdenke, umso mehr glaube ich, dass die Kater gezielt entwendet wurden. Aber was das Motiv anbelangt, tappe ich im Stockdunklen. Und beweisen lässt sich bislang nichts, hier noch nicht mal ein Einbruch. Daher haben die Kollegen nur Alexandras Personalien aufgenommen. Wenn der Kater aufgefunden oder in einer Polizeidienststelle abgegeben wird, melden sie sich.«

»Es muss aber doch jemand unbefugt auf das Grundstück gegangen sein und den Kater rausgelassen haben. Ist das kein Einbruch?«, wollte Thilo wissen.

»Alexandra meint zwar, sie hätte die Volierentür geschlossen, hundertprozentig sicher ist sie aber nicht«, erläuterte Bernd.

»Neunundneunzig Prozent«, tönte Alexandras Stimme aus der Diele. »Ich ziehe grundsätzlich die Tür zu. Es kommt mal vor, dass ich sie nicht verriegele, aber zu ist sie immer. Sogar wenn Whissie dagegen springen würde, könnte er sie nicht öffnen.«

Sie setzte sich neben Sebi, was die Teufelskatze ermutigte, seinen Schoß zu entern. Ihre Pfoten spürte er in bedenklicher Nähe zu hochempfindlichen Regionen und wagte nicht, sich zu rühren. Wenn das Biest jetzt die Krallen ausfuhr, konnte es unangenehm werden.

Mit der säuselnd hellen Stimme, die ausschließlich der Kommunikation mit ihren Katzen vorbehalten war, lobte

Alexandra: »Na Tortie, da hast du dir aber ein feines gemütliches Plätzchen ausgesucht!«

Auch Rosa konnte sich natürlich einen Kommentar nicht verkneifen. »Wie süß, sie mag dich! Sitz doch nicht so steif da, sie bettelt darum, gestreichelt zu werden.«

Bernd sprach unterdessen ungerührt weiter. »Ohne Zeugen und Einbruchsspuren kein Einbruch. Höchstens Hausfriedensbruch, wenn sich jemand unerlaubt Zugang zum Grundstück verschafft hat. Aber das wertet die Polizei zunächst nur als Vermutung, da niemand etwas gehört oder gesehen hat.«

»Könnte denn jemand in irgendeiner Weise davon profitieren, die Tiere zu stehlen?«, rätselte Rosa, während Sebi so tat, als würde er Tortie streicheln.

In Wirklichkeit versuchte er herauszufinden, was passierte, wenn er eines ihrer Ohren aufrichtete. Doch nach einem zarten Biss in seinen Daumen zog er die Hand zurück. Sofort faltete sich das Ohr wieder zusammen.

Rosa fragte: »Habt ihr Ärger mit anderen Züchtern? Neiden euch manche den Erfolg? Oder vielleicht auch das Geld, das die Zucht einbringt?«

»Bringt nicht Geld, ist Choobby!«, mischte sich plötzlich jemand mit krächzender Stimme ein. Sie gehörte einem gebrechlichen Mann fortgeschrittenen Alters, der nun, ohne sie weiter zu beachten, in den Wohnbereich schlurfte, wo er zwei Perserkatzen von einem der weinrot gepolsterten Sessel pflückte und sich dann ächzend hineinsinken ließ.

»Recht hast du, Djeduschka«, pflichtete Alexandra dem Alten bei, klärte die Runde darüber auf, dass es sich um ihren Großvater handelte, und begann aufzuführen, welche laufenden Kosten sie hatte. »Futter, Streu, Tierarzt, Versicherungen, Verein, Papiere, Ausstellungsgebühren, das alles kostet ein Vermögen. Aber egal, wir sind katzenverrückt.«

Sebi überschlug im Kopf die Menge der Kitten, die er herumwuseln gesehen hatte, und multiplizierte die Zahl mit dem Preis für ein Rassekätzchen. Er bezweifelte, dass Alexandra bei ihrem Hobby trotz der sicherlich nicht unerheblichen Ausgaben keinen Gewinn machte. Doch in dem Moment, als er seine Zweifel anmelden wollte, erschien eine große beleibte Frau und sagte: »Chaallo, ich bin Alexandras Mamutschka.« Sie stellte eine flache Schüssel und eine Butterschale auf den Tisch. Aus der Schüssel dampfte es. Was sich unter dem locker aufgelegten Deckel verbarg, mochte Sebi sich lieber nicht vorstellen. Mamutschka verschwand wieder und kehrte Sekunden später mit einem Tablett zurück. Sie bewegte sich sehr flink für ihre Leibesfülle, in Windeseile war der Tisch gedeckt. Von einer weiteren Exkursion in die Küche brachte sie eine Karaffe, die mit einer goldgelben Flüssigkeit gefüllt war, und Gläser mit.

Sebi spürte Rosas Fuß, der unauffällig gegen seinen stieß. Sie schüttelte fast unmerklich den Kopf. Sebi wusste ihren stummen Hilfeschrei zu deuten und versuchte mit dem Einwand »Oh, wir haben schon gegessen«, das Unausweichliche zu verhindern.

»Ist nur Kleinigkeit«, behauptete Mamutschka. »Wareniki. Sind gefüllt mit Schkwarki und Zwiebeln.«

Dann fauchte sie in Richtung der Schoßkatze »Chhschh«, woraufhin Tortie die Flucht ergriff und wieder den Kratzbaum erklomm.

Sebi riskierte zusammen mit Rosa einen Blick in die Schüssel. Die halbmondförmigen Teigtaschen mussten Wareniki sein. Sie erinnerten an zu groß geratene Ravioli. »Und die Füllung ... Schkwarki, was ist das?«

»Gebratener Bauchspeck«, ließ Alexandra verlauten. »Sehr lecker mit zerlassener Butter. Aber deftig, trinkt dazu reichlich Kwas. Das ist ein hausgemachter Biertrunk aus altem Brot, gut für die Verdauung.«

Mamutschka nickte synchron mit Djeduschka, der inzwischen zum Tisch geschlurft war und sich auf den Lehnstuhl vor Kopf gesetzt hatte.

Mittags Matcha, abends Bier aus altem Brot. Für heute war Sebis Bedarf an seltsamen Getränken mehr als gedeckt.

»Wenn das etwas Alkoholisches ist, muss ich leider darauf verzichten. Ich muss noch fahren«, erwiderte Sebi in der Hoffnung, wenigstens dieser Kelch möge an ihm vorübergehen. Doch Alexandra versicherte, Kwas enthielte nur Spuren von Alkohol, noch weniger als Malzbier. *Herr, erbarme dich unser.* Wie immer in ausweglosen Situationen erinnerte sich Sebi an die vielen nicht enden wollenden Stunden, die er als Kind in der Albaxer Dorfkirche verbracht hatte.

Nachdem er Wareniki und Kwas gekostet hatte, fand Sebi beides genießbar. Auch bei den anderen schien der Geschmackstest positiv ausgefallen zu sein, sodass nach der kleinen nicht bestellten Mahlzeit Alexandras Mutter zufrieden abräumte, um die Fütterung der Stubentiger zu übernehmen, und Djeduschka wieder mit dem weinroten Sessel verschmolz.

»Jetzt aber zurück zu den Katzen«, brachte Rosa das Thema auf den Anlass des Treffens. »Alexandra, kennst du den Verein Artgerecht? Bist du zu irgendeinem Zeitpunkt mit dem aneinandergeraten?«

»Ja, kenne ich«, schnaubte Alexandra. »Unangenehme Leute. Letztens habe ich eine von denen dabei erwischt, wie sie mir einen Flyer in den Briefkasten steckte. Ich wollte gerade in der Pause die Katzen füttern, weil meine Mama mit Djeduschka beim Arzt war. Ist ja ein kurzer Weg, ich arbeite nebenan im Getränkemarkt. Ich habe gesagt, Einwurf von Reklame ist nicht erwünscht, steht auch so auf dem Briefkasten. Die ist einfach abgehauen, und erst beim Öffnen des Briefkastens habe ich gesehen, dass es so ein Alle-Züchter-sind-böse-Pamphlet von Artgerecht war.

»So einen habe ich auch schon bei mir im Kasten gehabt«, kam von Thilo.

Monika reihte sich ein und sagte: »Ich ebenfalls.«

»Klingt so, als hätten sie alle Züchter abgeklappert«, mutmaßte Sebi.

Rosa brachte einen Einwand vor: »Aber Thilo ist doch kein Züchter!«

»Das nicht, aber sein Deckkater trägt natürlich einiges zu diversen Zuchten bei«, argumentierte Bernd und wandte sich Sebi zu. »Apropos Artgerecht. Vielleicht verrennt ihr euch da in etwas. Nach deinem telefonischen Bericht über eure Stippvisite in der Schusterstraße habe ich noch mal recherchiert. Die haben sich bisher wirklich nie etwas zuschulden kommen lassen. Wir sollten unser Augenmerk auf das Umfeld der Ausstellung richten. Ich bin mir sicher, so schlagen wir drei Fliegen mit einer Klappe.«

Doch Sebi pflichtete ihm nur halb bei. »Das eine schließt das andere nicht aus. Die Artgerechtler wollten vor der Halle ihre Flyer unters Volk bringen, was der starke Regen aber verhindert hat. Vielleicht haben sie sich unter die Besucher gemischt.«

Sie saßen noch eine Weile zusammen und diskutierten unterschiedliche Szenarien. Aber wie sie die Sache auch drehten und wendeten, sie kamen nicht weiter. Alexandra wirkte von Minute zu Minute unzufriedener. Sie wollte eine schnelle Lösung und warf Thilo lauthals vor, zu wenig Einsatz gezeigt zu haben. »Du hast deinen armen Maurice schon abgeschrieben. Meine Cattery heißt aus gutem Grund Bravehearts. Aber du, du hast kein mutiges Kämpferherz!«

Dagegen verwahrte Thilo sich in ungewohnt energischem Ton. Unterstützung kam von Monika, die, wenn sie wollte, ebenfalls sehr resolut werden konnte. Damit hatte das zierliche Persönchen Sebi schon auf der Ausstellung überrascht. Jetzt ergriff sie beherzt für Thilo Partei. Bevor das Trio verbal noch mehr aneinandergeriet, drängte Sebi zum Aufbruch. »Vielleicht müssen wir die Vorfälle doch getrennt voneinander betrachten. Aber nicht heute Abend. Lasst uns alle erst einmal zwei Nächte darüber schlafen. Morgen ist Feiertag, da können wir nichts unternehmen.«

Aus Djeduschkas Sessel drang wie zur Bestätigung ein wohliges Schnarchen. Es war das Signal zum Aufbruch, alle erhoben sich gleichzeitig. Monika bot an, Thilo nach Barmen zu fahren, was Sebi sehr gelegen kam, und Rosa wahrscheinlich auch. Sie wirkte etwas erschöpft. Als sie die Diele durchquerten, verspürte Sebi einen Druck auf der Blase. Der Brottrunk wollte dringend ausgeschieden werden. Aber lieber verkniff er sich das Bedürfnis, als das Gäste-WC aufzusuchen. Draußen atmete er einmal kräftig aus und ein. Frische, kühle Frühlingsluft durchströmte seine Lungen, herrlich! Er musste diesen Katzenfall schleunigst lösen, schon im eigenen Interesse. An den Mülltonnen verabschiedeten sie sich und Sebi versprach der Runde, alle über seine Ermittlungen auf dem Laufenden zu halten. Dann saßen er und Rosa endlich im Auto. Rosa kurbelte die Lehne des Beifahrersitzes weit nach hinten, lehnte sich bequem zurück, seufzte und schloss die Augen. Die folgende Stille empfand Sebi als wohltuend. Sie hielt lange an, vielleicht war Rosa eingeschlafen. Kurz vor der Ortschaft Kohlfurth setzte sie sich ruckartig kerzengerade auf, und was sie dann sagte, deutete darauf hin, dass sie nicht geschlafen, sondern über den Fall nachgedacht hatte.

»Weißt du, wir suchen die ganze Zeit nach logischen Motiven. Was, wenn es die gar nicht gibt? Es könnte doch sein, dass wir es mit Irren zu tun haben. Und wir kommen nicht aufs Tatmotiv, weil wir anders denken als jemand, der total durchgeknallt ist.«

Sebi musste sich auf die Serpentinen konzentrieren, in denen die Kohlfurther Straße hinauf nach Cronenberg führte. »Interessante Theorie«, sagte er darum nur. Für heute hatte er von Katzen die Nase gestrichen voll.

13
Lichtblick

Thilo saß mit zurückgelehntem Kopf auf einem der bequemen Friseursessel im Elberfelder Herrensalon *Shave & Cut*, wo er für diesen Mittwochvormittag einen Termin zum Waschen, Schneiden und Rasieren vereinbart hatte. Es war sein erster Besuch dort, und angesichts des feinen Interieurs und modisch gekleideten Personals fühlte er sich fehl am Platze. Für gewöhnlich begnügte er sich mit einem günstigen Trockenschnitt in Babsis Frisierstube. Da setzte man sich einfach hin und wartete, bis man an der Reihe war. Männliche Kundschaft fertigte Babsi nebenbei ab, während die zumeist älteren Damen mit Lockenwicklern unter der Haube saßen und das Goldene Blatt oder die Bild der Frau lasen. Babsi war Spezialistin für Dauer- und Wasserwellen. Herrenhaarschnitte dauerten bei ihr keine zehn Minuten und kosteten zehn Euro.

In diesem Salon ging es anders zu. Ein junger bärtiger Mitarbeiter namens Leon hatte ihn freundlich empfangen, direkt nach seinem Vornamen gefragt und gesagt: »Dann komm mal mit, Thilo, und nimm schon mal Platz. Was möchtest du trinken? Ich kann dir unseren Mokka empfehlen. Stark und süß. Einverstanden?«

Völlig überrumpelt hatte er genickt. Er konnte sich nicht daran erinnern, dass ihm jemals von Babsi ein Getränk angeboten worden war. Nachdem Thilo das kleine, tulpenförmige Glas geleert hatte, widmete Leon sich mit Hingabe der Aufgabe des Haarewaschens. Die kreisenden Bewegungen seiner Fingerkuppen beim Shampoonieren empfand Thilo als äußerst angenehm. Doch kaum hatte er begonnen, sich zu entspannen, musste er wieder an die Wendung denken, die nun alles genommen hatte. Erst jetzt wurde ihm bewusst, dass er dicht davor gewesen war, sich mit dem Schicksalsschlag abzufinden. Immerhin war Maurice nicht schwer verletzt oder tot aufgefunden worden. Er könnte den Kontakt zu Menschen gesucht und ein kuscheliges Ersatzheim gefunden haben. Es gab doch so viele einsame alte Leute. Vielleicht hatte ihn jemand gefüttert und bei sich aufgenommen. Und nun brachte dieser Jemand es nicht übers Herz, den zugelaufenen Kater wieder herzugeben. Maurice war extrem zutraulich und hatte auf Ausstellungen auch wildfremden Menschen gegenüber nie Scheu gezeigt. Im Gegenteil, er war ein richtiger Schmusekater. Sobald Thilo auch nur die Hand in seine Richtung bewegte, um ihn zu streicheln, schnurrte er los und streckte freudig alle Viere von sich.

»Ist es so angenehm?«, erkundigte sich Leon.

Thilo hatte an der Temperatur des Wassers, das mit leichtem Druck aus dem Duschkopf der Handbrause floss, nichts auszusetzen.

»Genau richtig«, gab er zur Antwort und schloss für einen Moment vor Wohlbehagen die Augen. Doch sofort schlich sich Maurice wieder in seinen Kopf, was man ihm anscheinend ansah, denn Leon vergewisserte sich erneut, ob alles in Ordnung war. »Nein«, sagte Thilo spontan. Und dann erzählte er von Maurice, ohne zu wissen, warum er das tat. Ein therapeutischer Effekt des Haarewaschens vielleicht. Während das Wasser floss, schüttete er dem Friseur sein Herz aus und schloss mit den Worten: »Ich habe versucht, ihm das Leben im Gartenhäuschen so angenehm wie nur möglich zu gestalten. Morgens bin ich extra eine Stunde früher aufgestanden, um mich ausgiebig mit ihm zu beschäftigen, und nach Feierabend natürlich auch. Ich habe mehr Zeit im Gartenhäuschen als im Wohnzimmer verbracht ... und jetzt ist es schon zehn Tage her, dass er verschwunden ist.«

Zum Glück gab es Monika. Das sprach Thilo nicht aus, denn inzwischen hatte Leon das Wasser abgedreht. Damit endete auch Thilos Mitteilsamkeit und er verfiel wieder in Schweigen, während er an Monika dachte. Sie war in diesen dunklen Tagen ein Lichtblick. Irgendwie musste das Leben schließlich weitergehen. Er hätte sich mit der Vorstellung trösten können, dass es Maurice den Umständen entsprechend gut ging. Leider drohte mit Whistleblowers Abhandenkommen das Kartenhaus seines positiven Denkens in sich zusammenzustürzen. Zwei prämierte Wuppertaler Rassekater, die sich kurz hintereinander in Luft auflösten!

Nur keine voreiligen Schlüsse, es könnte trotz allem Zufall sein. Das hatte Sebi beim gestrigen Treffen in seiner besonnenen Art zu bedenken gegeben. Aber im Ernst, wer sollte hier noch an Zufälle glauben? Maurices spurloses Verschwinden konnte man doch ganz offensichtlich nicht mehr als tragischen Begleitschaden eines Einbruchs abtun, sondern er war höchstwahrscheinlich das Zielobjekt gewesen. Seinetwegen hatten sich Einbrecher durch den Wintergarten Zutritt zu Monikas Wohnung verschafft. Genauso waren sie bei Whissie vorgegangen, mit dem Unterschied, dass der außerhalb des Wohnhauses untergebracht war und sie nur aufs Grundstück gelangen, aber keinen Einbruch verüben mussten. Thilo wusste allerdings nicht, *warum* jemand seinen und Alexandras Kater stehlen sollte. Ebenso fehlte ihm jede Idee, *wer* so etwas tun könnte.

Leon hatte ein Handtuch um Thilos Kopf gewickelt. »So, du kannst dich jetzt wieder bequem hinsetzen«, sagte er und kündigte dann eine Massage an. Bevor Thilo seiner Verwunderung darüber Ausdruck verleihen konnte, hatte Leon schon das Tuch entfernt und ein Fläschchen herbeigeholt. Die darin enthaltene Flüssigkeit massierte er mit viel Fingerspitzengefühl in Thilos Kopfhaut sein. Anschließend fuhr er mit einem Kamm durch die feuchten Strähnen und fragte in Richtung Spiegelbild: »Thilo, was soll ich dir zaubern, damit du auf andere Gedanken kommst?«

Thilo hatte keine Ahnung, über welche magischen Fähigkeiten sein Figaro verfügte. Er konnte wohl kaum mehr Haare auf seinem Kopf wachsen lassen. Deswegen antwortete er mit einer Gegenfrage. »Ich bin noch unentschlossen. Was könntest du denn tun, damit es obenrum nicht so schütter aussieht?«

»Dir fehlt Leben im Haar, aber das lässt sich ändern. Wir fügen Volumen hinzu. Für dich sind kurze Seiten ideal. Deckhaar lassen wir etwas länger. Nicht zu akkurat. Kein Haargel, stattdessen eine matte Paste. Damit erzeugen wir gewollte Unordnung. Und dann lenken wir die Aufmerksamkeit von den dünnen Bereichen auf markante Stellen.« Leon zupfte an Thilos sprießender Gesichtsbehaarung. »Du hast einen dichten Bartwuchs. Das ist gut, damit kannst du punkten! Ich würde den Bart keinesfalls rasieren. Nur trimmen, und ihm dann mit einem Öl Duft und Glanz verleihen.«

Sofort meldete Thilo Zweifel an. »Meinst du wirklich? Aber Frauen ... die finden einen Bart doch störend. Beim Küssen. Glaube ich.«

Die Bemerkung schien Leon zu erheitern, denn er grinste und fuhr sich mit der Hand durch seinen eigenen gestutzten Bart. Er deutete der Reihe nach auf seine Kollegen. »Mehmet. Jason. Niklas. Siehst du hier jemanden, der glatt rasiert ist?«

Im Spiegel sah Thilo nur Bärtige und schüttelte den Kopf, woraufhin Leon triumphierend erläuterte: »Glatt rasiert ist out. Und ich verspreche dir, die Frauen stehen auf Bart, wenn er weich ist und gut riecht. Ist alles eine Frage des Stylings und der Pflege.«

Anderthalb Stunden später verließ Thilo *Shave & Cut* mit neuer Haar- und Bartpracht. Fast hundert Euro hatte das Ganze gekostet. Einen derartigen Luxus konnte er sich nicht erlauben, aber es war dringend nötig gewesen, etwas in sein äußeres Erscheinungsbild zu investieren. Mit neuem Selbstvertrauen betrat er den Kaufhof, wo er ein Outfit für alle Tage kaufte, das die Verkäuferin als *Casual mit elegantem Touch* bezeichnet hatte. Er konnte es kaum erwarten, nach Hause zu kommen und sich für den Besuch bei Monika umzuziehen. Sie hatte ihn für den Nachmittag zum Kaffeetrinken eingeladen. Er würde die Schwebebahn nehmen, denn sein Auto versagte weiterhin den Dienst. Wahrscheinlich lohnte es sich nicht mehr, den alten Fiat Punto in die Werkstatt zu bringen und eine Reparatur zu bezahlen. In der Sonnborner Autoverwertung wäre er wohl besser aufgehoben. Aber erst mal nachfragen, was es kostete, die Schrottkarre abholen zu lassen. Danach kurz in den Blumenladen, und dann wurde es auch schon Zeit, zur Schwebebahnstation Wupperfeld zu marschieren. Auf die Sekunde genau um halb vier schellte Thilo bei Monika und überreichte ihr einen bunten Biedermeierstrauß. Sie bedankte sich überrascht und nahm ihn lächelnd entgegen. Es fühlte sich für ihn an, als hätten sie so etwas wie ein Rendezvous – bis er im Wohnzimmer erkennen musste, dass er nicht der einzige Gast war. Rosa saß bereits am Esstisch.

»Hallo, Thilo. Oh, du siehst so … schick aus.« Zu spät erkannte Rosa, dass ihre Bemerkung ihn in Verlegenheit brachte, zumal nun auch Monika ihn mit Komplimenten für seinen neuen Look überschüttete. Sie sollte endlich Sebis oft erteilten Rat beherzigen und nicht immer direkt mit allem herausplatzen, was sie dachte.

»Ach, ich war nur beim Friseur. Musste mal wieder sein«, nuschelte Thilo in seinen Bart, der ordentlich auf Hochglanz poliert war, während die Haare auf seinem Kopf irgendwie dichter und wuscheliger wirkten als sonst. Fast schon verwegen. Er erinnerte sie mit seiner roten Haar- und Bartpracht ganz entfernt an Prinz Harry. Um ihm weitere peinliche Momente zu ersparen, verzichtete Rosa darauf, Thilo auf das Preisschild anzusprechen, das unübersehbar an der Seitennaht seines neuen Slim-Fit-Sakkos baumelte, sondern kramte diskret in ihrer Handtasche nach dem Nageletui, das sie immer mit sich führte. Nachdem er neben ihr Platz genommen hatte, musste sie nicht lange auf den passenden Moment warten, um das Etikett abzuschneiden. Monika brachte nämlich übergangslos noch einmal ihren Ärger über Alexandras unverschämte Art zum Ausdruck.

»Wie kommt die Frau dazu, dich derart zu beleidigen«, sagte sie empört zu Thilo. »Du und kein Herzblut, dass ich nicht lache! Sie hat ja keine Ahnung, wie viel Herzblut du hast!«

Thilo beugte sich über die Tischplatte in Monikas Richtung vor. »Es bedeutet mir sehr viel, dass du anders über mich denkst.«

Rosa konnte die Nagelschere unbemerkt ansetzen. Ebenso unbemerkt ließ sie die Schere zusammen mit dem Schild in ihre Tasche gleiten. So mitteilsam wie heute hatte sie Thilo noch nie erlebt. Er taute von Minute zu Minute mehr auf. Und von Genervtheit bei Monika heute keine Spur, was bestimmt mit Thilos Typveränderung zusammenhing. Kleider und Haare machten eben doch Leute, da gab es kein Vertun. Tatsächlich fand auch Rosa, dass der sonst immer etwas schmuddelig wirkende seltsame Vogel sich sehr zu seinem Vorteil gemausert hatte. Und der Grund dafür war eindeutig eine Frau. Rosa konnte in Thilo lesen wie in einem offenen

Buch: Er war zum Friseur gegangen und hatte sich eine neue Garderobe zugelegt, weil er Monika gefallen wollte. Diese Bemühungen fand Rosa geradezu rührend. Bis gestern hätte sie darauf gewettet, dass seine Chancen gleich null stünden, aber nun ... Wenn sie die beiden jetzt so ansah, war sie nicht mehr ganz so sicher. Wer weiß, was sich daraus noch entwickeln würde. Aber alles zu seiner Zeit.

Thilo erzählte gerade von seinem unbrauchbaren Auto, das er nicht mehr über den TÜV bringen würde und höchstwahrscheinlich verschrotten lassen musste. Eine gute Gelegenheit, sich in das Gespräch einzuklinken und zum Anlass ihres spontanen Besuchs zu kommen, mit dem sie offenbar in Monikas und Thilos Tête-à-Tête geplatzt war.

»Apropos Schrottauto: Sebi ist eben noch mal nach Sonnborn gefahren, um sich auf dem Gelände der Autoverwertung neben Alexandras Haus umzusehen. Er meint, dass dort wahrscheinlich Überwachungskameras installiert sind. Vielleicht ist darauf etwas zu sehen, das uns weiterhilft.«

Sofort war alles andere nebensächlich. Thilos Augen leuchteten. »Natürlich!«, sagte er. »Die wird garantiert rund um die Uhr flächendeckend überwacht, damit die Leute nicht heimlich Teile ausbauen und mitnehmen. Und was ist mit dem Getränkemarkt? Von dort kann man vielleicht auch aufs Grundstück gelangen.«

»Da gibt es nur eine Kamera im Innenraum. Der Hof grenzt zwar auch an Alexandras Grundstück, aber er ist von einer hohen Mauer umgeben. Außerdem gelangt man nur durch ein Tor dorthin, und das wird ausschließlich für Lieferfahrzeuge geöffnet. Ansonsten ist es abgesperrt.«

»Mal angenommen, Sebi findet dort Videoaufzeichnungen, wie lange würde es denn dauern, die auszuwerten?«, wollte Monika wissen.

»Ich habe keine Ahnung«, musste Rosa zugeben.

»Es geht um ein Zeitfenster von vier Stunden«, erklärte Sebi dem milchgesichtigen Juniorchef der Autoverwertung, dem er sich als Polizeikommissar Fink und Ermittler im Fall eines Diebstahls vorgestellt hatte. Eine weitere Amtsanmaßung, doch wenn er bei Herrn Korte jun. trotz Datenschutzverordnung weiterkommen wollte, musste das sein.

»Frau Shevchenko hat vor ihrem Arbeitsbeginn um sieben Uhr morgens dem Kater seine Ration Futter gebracht. Gegen elf bemerkte die ebenfalls im Haus wohnende Mutter zufällig, dass die Tür des Geheges offenstand. Also muss der Kater zwischen sieben und elf Uhr gestohlen worden sein«, führte er weiter aus, woraufhin der Junior breit grinste. »Und bei so einer Lappalie ermittelt die Polizei? Das ist ja krass.«

Sebi setzte seinen strengen Beamtenblick auf. »Sie können versichert sein, dass es hier um hohe Sachwerte geht. Haben Sie nun eine Videoüberwachung oder nicht?«

Korte jun. stellte das Grinsen sofort ein. »Ja, da können Sie von Glück sagen, dass ich meinen Vater davon überzeugt habe, in modernste Technik zu investieren«, verkündete er. »Wurde erst kürzlich installiert. Alles datenschutzkonform natürlich.«

»Ja, das muss heutzutage sein.«

Sebi hoffte, dass er die Anerkennung glaubwürdig heuchelte, und erkundigte sich dann, ob das Areal flächendeckend überwacht wurde. Auf diese Frage hätte ein einfaches Ja oder Nein gereicht, aber damit wollte Herr Korte sich nicht begnügen. Sebi musste eine detailreiche Schilderung des Juniors über sich ergehen lassen, aus der hervorging, dass dieser sogar mit einer Drohnenüberwachung geliebäugelt hatte, die Idee aber wieder verworfen wurde, weil es nicht ganz unproblematisch war, Drohnen über ein Gelände fliegen zu lassen, auf dem sich Eisenteile befanden. »Wir haben zwei erschwingliche getestet. Die sind beide aufgrund von Magnetfeldern derbe gecrashed und …«

»Verstehe. Für welche Lösung haben Sie sich stattdessen entschieden?«, versuchte Sebi, die Sache abzukürzen.

Herr Korte schaute etwas beleidigt drein. Er hätte wohl gerne noch weiter über die Tests mit der Drohnenkamera berichtet, kam aber nun gezwungenermaßen zum Punkt. »Wir lassen das Gelände mit einem professionellen Kamerasystem überwachen. Insgesamt vier Überwachungskameras und ein Vier-Kanal-Rekorder für die Aufzeichnung in hochauflösender Farbbildqualität, wahlweise nach Bewegungserkennung, Zeitplan oder auch dauerhaft. Die Kamera im hinteren Bereich ist dauerhaft geschaltet, weil der für uns schlecht einsehbar ist. Sie erfasst auch den Zaun zum Nachbargrundstück. Den Zeitraum von sieben bis elf Uhr brauchen Sie?«

Frohlockend antwortete Sebi: »Genau. Ich habe einen USB-Stick dabei. Auf dem werde ich mir das Material abspeichern und im Team sichten.«

Die Formulierung war mit Bedacht gewählt, damit Herr Korte von einem offiziellen polizeilichen Ermittlerteam ausging. In Wahrheit würde er den Stick mit nach Hause nehmen und sich die Aufnahmen dort in Ruhe zu Gemüte führen. Und später, falls etwas Auffälliges zu sehen war, sein *Team* hinzuziehen. Also Rosa, Bernd, Thilo, Monika und Alexandra. Dann hätte sich die Investition des Autoverwerters definitiv gelohnt. Er erkundigte sich noch nach den Öffnungszeiten.

»Wir öffnen um halb neun und schließen um fünf«, gab Herr Korte Auskunft.

Sebi bedankte sich für seine Mitwirkung und sagte zu, ihn darüber zu unterrichten, ob die Aufzeichnungen ermittlungstechnisch verwertbare Ergebnisse brachten. Zu Hause angekommen, schloss er die Tür zum Büro auf, lockerte die Krawatte, die er sich dem Anlass entsprechend umgebunden hatte, und machte es sich dann in seinem Ledersessel bequem. Er entschied, den Anfang auszusparen, denn der Täter, so seine Vermutung, hatte das Gelände der Autoverwertung zur normalen Öffnungszeit betreten. Wenn zwischen halb neun und elf nichts Verdächtiges zu sehen war, konnte er sich immer noch den Zeitraum davor anschauen.

Anderthalb Stunden später stand er auf, ging zielstrebig zum Weinregal in der Küchenzeile und entkorkte zur Feier seines richtigen Riechers eine Flasche Wein. Die Kamera hatte um zwei Minuten vor zehn eine Frau mit Rucksack erfasst, die sich den Anschein gab, nach Autoteilen zu suchen. Sie war zu einem trockengelegten alten VW-Transporter geschlendert und dahinter verschwunden. Der Transporter verdeckte die Sicht auf den Zaun. Erst zehn Minuten später war die Frau wiederaufgetaucht. Sebi hatte sich die Sequenz mehrere Male angeschaut und beim Zoomen zweierlei festgestellt. Zum einen kam ihm die Frau irgendwie bekannt vor. Doch so sehr er sich auch das Hirn zermarterte, er hatte keine Ahnung, woher. Zum anderen schien der Rucksack erst leer gewesen zu sein. Als die Frau zwölf nach zehn wieder von der Kamera erfasst worden war, wirkte er wesentlich voluminöser. Allerdings war keine Bewegung darin zu erkennen. Sollte Whistleblower of Bravehearts darin verstaut worden sein, musste sie ihn zuvor betäubt haben. Sebi schwenkte das Weinglas, tauchte seine Nase hinein und schnupperte genießerisch. Ein sehr guter Tropfen, dieser Spätburgunder. Den hatte er sich redlich verdient, bevor er die anderen informierte.

14
Azzurro

Allmählich begann Rosa sich Sorgen zu machen. Sebi meldete sich nicht. Das Handy hatte er offenbar ausgeschaltet. Der Teilnehmer ist derzeit nicht erreichbar, teilte eine mechanische Stimme mit. Auf ihre SMS kam keine Reaktion, noch nicht mal eine Lesebestätigung, und bei der Festnetznummer schaltete sich sowohl im Büro als auch in seiner Wohnung der Anrufbeantworter ein. Das letzte Lebenszeichen von ihm war um vier Uhr in Form einer WhatsApp-Nachricht gekommen, die sie Monika und Thilo noch vorgelesen hatte: *Volltreffer, gibt eine Videoaufzeichnung, sichte sie und melde mich dann.* Dazu ein Daumen-hoch-Emoji. Sie hatten noch eine Stunde zusammengesessen, in der Hoffnung, dass Sebi schnell auf etwas stieße, das sie in irgendeiner Form weiterbrächte. Inzwischen war sie längst wieder zu Hause und versuchte auf allen Kanälen, Sebi zu kontaktieren. Was machte er nur? Sah er sich das Video mit Kopfhörern in Zeitlupe an? So lange konnte es doch unmöglich dauern. Der Abspann eines Krimis im Ersten lief, also musste es schon kurz vor zehn sein. Rosa hatte den Fernseher zwar eingeschaltet, aber überhaupt nichts vom Film mitbekommen. Und immer noch kein Lebenszeichen von Sebi. Bei aller Pflichtvergessenheit, die er mitunter an den Tag legte, war es doch untypisch für ihn, ohne Erklärung total abzutauchen. Es half alles nichts, auch wenn sie keine Lust hatte und es stockfinster war, musste sie sich wohl oder übel noch mal ins Fröschlein setzen, um nach dem Rechten zu sehen.

Rosa war nachts blind wie ein Maulwurf. Darum vermied sie es nach Möglichkeit, nach Einbruch der Dunkelheit Auto zu fahren. Aber Sebi wäre nicht der erste Mann mittleren Alters, den ein Herzinfarkt aus heiterem Himmel vom Leben zum Tod beförderte. Dieses Schicksal ereilte zwar meist Workaholics, eine Spezies, zu der Sebi definitiv nicht gehörte, doch man konnte nie wissen. Vielleicht war er auch unglücklich gestürzt und lag ohnmächtig oder bewegungsunfähig auf dem Boden. Oder der lange Aufenthalt bei Alexandra Shevchenko hatte letztlich doch eine allergische Reaktion auf Katzenhaare ausgelöst, und sei diese auch nur hypochondrischer Natur. Sogar für sie war das Kontrastprogramm zu Monikas fast schon klinisch sauberen Mini-Katzenzucht schwer erträglich gewesen.

Ihre Nachtblindheit ignorierend fuhr Rosa los, und als sie in der Friedrich-Ebert-Straße ankam, tat sich zwischen zwei anderen parkenden Autos hundert Meter von Sebis Wohnung entfernt eine Lücke auf. So schnell fand sie sonst selten einen Parkplatz in der Gegend. Klein, aber mein, dachte sie. Nun musste sie den Wagen nur noch hineinmanövrieren, was dadurch erschwert wurde, dass so etwas wie ein Parkassistent nicht zur Ausstattung des Fröschleins gehörte. Fünf Minuten später hatte sie es nach mehreren Anläufen geschafft, ohne die anderen Autos zu touchieren, und marschierte los. Die zur Straße hin gelegenen Fenster von Sebis Wohnung im ersten Stock waren finster, aber durch die heruntergelassenen Rollläden der Detektei Fink sah sie einen schwachen Lichtschimmer. Im Näherkommen stellte sie fest, dass nicht nur Licht aus dem Büro nach draußen drang, sondern auch Musik. Darum steuerte sie direkt auf die Bürotür zu und betätigte die Klingel. Einmal. Noch einmal. Ein drittes Mal. Nichts rührte sich. Sie legte den Finger auf den Taster und drückte ihn energisch für einige Sekunden. Nichts. Schließlich ging sie zum Fenster, hämmerte mit beiden Fäusten dagegen und bückte sich dann, um zu versuchen, durch den Spalt zwischen Fensterrahmen und Rollladen einen Blick ins Innere zu erhaschen.

»Sebi?«, schrie sie und klopfte jetzt gegen die Fensterscheibe. Endlich konnte sie eine schemenhafte Bewegung erkennen. »Rosa!«, schrie er zurück.

Kurz darauf öffnete Sebi die Tür. Ein stark schwankender Sebi, wie sie bemerkte. Aus dem Inneren des Büros drang die unverkennbare Melodie des Italo-Schlagers *Azzurro.* Aber damit noch nicht genug, sang Sebi mit heiserer Stimme den Refrain mit – in der deutschen Version, was mindestens ebenso grauenvoll war wie der derangierte Anblick, den er bot.

»Azzurro, so ist der Himmel für Verliebte, denn azzurro heißt blau. Azzurro, so ist die Welt für mich, wenn tief ich in die Augen dir schau. Ich merke es immer schlimmer, wie es ist, wenn du mal nicht bei mir bist. Azzurro, so ist mein Leben, weil ich azzurro bin, wenn du mich küsst.«

Er breitete die Arme aus, spitzte die Lippen und machte einen Schritt auf sie zu. Um ein Haar wäre er dabei gestürzt, weil er die Eingangsstufe ignorierte. Sein Glück, dass er doch noch taumelnd das Gleichgewicht halten konnte, denn aufgefangen hätte sie ihn nicht. Ihr Ex war mehr als azzuro. Azzuro bedeutete hellblau, er war aber veilchenblau. Adriano Celentano war nie ein begnadeter Sänger gewesen, doch seine Reibeisenstimme hatte Wiedererkennungswert. Den hatte Sebis Darbietung ebenfalls, wenn auch aus einem anderen Grund. Sie weckte scheußliche Erinnerungen an ihre Flitterwochen, auf die Rosa gern verzichtet hätte. Am vorletzten Urlaubsabend waren sie zu fortgeschrittener St-unde in einer italienischen Karaoke-Bar gelandet, wo er sturzbetrunken genau diesen Schlager performt hatte. In Italienisch, obwohl sich seine bescheidenen Kenntnisse der Sprache auf touristische Vokabeln und ein paar Flüche beschränkten. *Azzurro, il pommerischo ä troppo azzurro elungo pärmä* ...und so weiter und so fort. Entsprechend peinlich war sein Auftritt, zumal Sebi mit der Frisur, die er damals trug, aussah wie eine schlechte Kopie des echten Celentano. Wahrscheinlich war Letzteres der Grund dafür, dass die Gäste der Bar begeistert applaudierten und ihn zum Sieger kürten. Wildfremde Männer zogen Sebi an ihre Brust, klopften ihm auf die Schulter und spendierten weitere Drinks. Zwei rassige Italienerinnen erdreisteten sich sogar, ihn abzuknutschen. Daraufhin rief Rosa ein Taxi und mit freundlicher Unterstützung des Fahrers gelang es, den sich mit Händen und Füßen wehrenden Sebi in den Wagen zu schieben. Gegen ein großzügiges Trinkgeld half der Fahrer ihr auch, ihn ins Hotelzimmer zu schleifen. Gegenwehr leistete Sebi zu diesem Zeitpunkt nicht mehr. Er ließ sich widerstandslos auf der Couch ablegen und fiel sofort in einen komatösen Schlaf. Am nächsten Morgen konnte er sich angeblich nicht mehr an seine Gesangseinlage entsinnen. *Ich habe einen Filmriss*, behauptete er und beschwerte sich dann zu allem Überfluss auch noch darüber, dass er auf der Couch schlafen musste. Und nun, fast zwanzig Jahre später, kam es zu dieser grotesken Duplizität der Ereignisse.

In den Italo-Komödien mit Celentano in der Hauptrolle hätte jetzt irgendjemand ein Fenster geöffnet und dem Sangeskünstler einen Eimer Wasser über den Kopf gegossen. Doch leider war der schlechte Film, in dem Rosa sich gerade befand, sehr real, und Unterstützung aus den oberen Etagen nicht in Sicht. Sebis Mund schwebte so dicht über ihr, dass sie den Rotwein riechen konnte, mit dem er sich die Zeit vertrieben hatte. Bevor er ihren Lippen noch näherkommen konnte, ergriff sie seine Hand und hielt sie fest. Dann setzte sie einen Hebel an, indem sie sich mit einer leichten Drehung unter ihm wegduckte. Den Trick hatte er ihr selbst beigebracht, als er noch im Polizeidienst war – und er funktionierte. Sebi blieb nichts anderes übrig, als sich mitzerren zu lassen. Er zog die Tür hinter sich zu. Auf dem Schreibtisch standen zwei Weinflaschen, eine leer, die andere angebrochen. Die Quelle der blechern klingenden Musik war ein alter Gettoblaster. Daneben lag eine CD-Hülle mit der Aufschrift *Bella Italia – 30 unvergessene Hits.* Sie schaltete in dem Moment aus, als Eros Ramazotti zu Musica è ansetzte. Gleichzeitig ließ sie Sebi los, der prompt vor ihr auf die Knie fiel. Im ersten Moment befürchtete Rosa, er würde seinen Mageninhalt vor ihren Füßen ausbreiten. Doch es kam noch schlimmer. Aus seiner knienden Position heraus stammelte er: »Schatzichliebedichwillstumichnochmalheiraten?«

»Du tickst doch nicht mehr richtig«, gab Rosa zur Antwort und ging in die Küchenzeile. Dort tauchte sie ein Geschirrtuch in kaltes Wasser. Mit dem tropfnassen Tuch in den Händen kehrte sie zurück. Sebi hatte sich inzwischen zum Chefsessel geschleppt.

»Reib dir damit das Gesicht ab. Ich koche Espresso, und dann will ich ein Update in Sachen Überwachungsvideo!« Sie warf ihm das Geschirrtuch an den Kopf.

Der nasse Lappen wirkte in Kombination mit einem dreifach starken Espresso Wunder. Sebi kam zu Sinnen und war in der Lage, Rosa die entscheidenden zehn Minuten des Videos vorzuführen. Sie sah den Rücken einer Frau, die hinter einem Transporter verschwand. In der nächsten Sequenz war die Frau aus einiger Entfernung von vorn zu sehen. Sie war groß und schlank, das Alter ließ sich schwer schätzen. Auf jeden Fall unter vierzig.

»Kannst du näher heranzoomen?«

»Ist schon am Limit, viel mehr geht nicht«, lautete Sebis enttäuschende Antwort. »Moment mal.« Er öffnete eine Bilddatei. »Hier ist ein Screenshot. Das Beste, das ich rausholen konnte.«

Rosa starrte angestrengt auf das pixelige Standbild. Die Frau wendete das Gesicht der Kamera zu, hielt den Kopf aber leicht gesenkt. Ihr roter Bob mit dem langen Pony wirkte unecht. Wahrscheinlich eine Perücke. Eine überdimensionale, dunkel getönte Brille verdeckte die Augenpartie fast vollständig. Trotzdem war Rosa wie Sebi der Meinung, sie schon mal gesehen zu haben. Aber die Erkenntnis kam erst, als sie sich noch einmal beide Videosequenzen anschaute.

»Du, ich glaube, ich weiß, wer das ist. Wenn mich nicht alles täuscht, war die mit ihrem Mann auf der Katzenausstellung. Sie hat auch die Kitten bewundert und Interesse am nächsten Wurf angemeldet.«

Sebi schaute skeptisch drein. »Meinst du wirklich?«, brummelte er. »Ich habe das Pärchen gesehen, dass zusammen mit dir bei Monika stand. Aber die Frau sah ganz anders aus.«

»Als ob du das in deinem Zustand beurteilen könntest! Werde du erst mal wieder nüchtern. Druckst du mir den Screenshot eben aus? Und dann fahre ich nach Hause.«

Sebi startete den Druck, entnahm dann das Papier, behielt es aber in der Hand. »Ich bin so gut wie nüchtern«, sagte er, und hörte sich dabei wirklich halbwegs normal an. »Es ist schon halb zwölf, du musst doch um diese Uhrzeit nicht noch fahren. Komm mit hoch. Für dich ist immer ein Platz in meinem Bett frei.«

»Auf gar keinen Fall. Das könnte dir so passen«, entrüstete sich Rosa, entschied sich dann jedoch nach kurzem Abwägen von Für und Wider um. »Danke für das Angebot. Ich schlafe gern im Kinderzimmer.«

Am nächsten Morgen wusste Sebi direkt nach dem viel zu frühen Aufwachen, dass er es gründlich vermasselt hatte. Erstaunlicherweise ging es ihm hervorragend. Kein Brummschädel, keine Gedächtnisaussetzer. Höchst ungern erinnerte er sich daran, was am Abend zuvor und in der Nacht geschehen war. Aus dem einen Glas Spätburgunder waren zwei geworden. Dann hatte er sich noch ein drittes eingeschenkt und in weinseliger Stimmung an die Flitterwochen in Bibione zurückgedacht. Zwei glückliche, unbeschwerte Wochen in Italien mit Rosa und viel Amore. Irgendwie hatte er dann das Gefühl für Zeit und Raum verloren, die Flasche komplett geleert, eine weitere geöffnet und schließlich diese uralte CD hervorgekramt und abgespielt. Die unsägliche Blamage danach spielte sich vor seinen Augen nun in einer detailreichen Endlosschleife ab. Rosa hatte nicht nur seinen Antrag ignoriert, sondern es auch knallhart durchgezogen, auf der Schlafcouch im Kinderzimmer zu nächtigen. Den Raum hatte er für die Papa-Wochenenden mit Frieda eingerichtet. Er musste nun eine Glanzleistung in Sachen Ermittlungsarbeit abliefern, um Rosa so zu beeindrucken, dass sie bereit war, ein gnädiges Tuch des Vergessens über all dies auszubreiten. Sobald sie erwachte, würde er ihr ein Frühstück und einen vielversprechenden Plan servieren. Aber zuvor war eine Dusche fällig. Danach fühlte er sich zwar nicht wie neugeboren, aber doch bereit für die Herausforderungen des Tages.

Die erste bestand darin, den Tisch für zwei zu decken und leise an die Tür des Kinderzimmers zu klopfen. »Guten Morgen, Schatz. Frühstück ist fertig«, flötete er durch die geschlossene Tür, die sich zu seinem Erstaunen sofort öffnete. »Morgen. Bin längst wach. Dieses Sofa ist eine Zumutung für jeden Rücken«, teilte Rosa ihm mürrisch mit. Sein gestreiftes Pyjamaoberteil reichte ihr fast bis zu den Knien, er fand allerdings, dass sie darin zum Anbeißen aussah. Wenn er sie jetzt darauf hinwiese, dass sie die Wahl gehabt hätte zwischen Kingsize-Bett und Sofa, würde sie ihm das bestimmt übel nehmen. Deshalb verkniff er sich die Bemerkung und fragte, ob sie sofort frühstücken oder erst ins Bad wollte. Sie entschied sich für Letzteres, woraufhin er ihr ein Handtuch bereitlegte, während sie in seinem Kleiderschrank nach frischer Unterwäsche suchte. Ein paar Teile deponierte sie hier, weil es häufiger vorkam, dass sie bei ihm übernachtete – wenn auch noch nie auf Friedas Schlafsofa.

Er nutzte die Zeit, die Rosa im Badezimmer verbrachte, um sich mit dem Laptop an den Küchentisch zu setzen und eine Liste zur weiteren Vorgehensweise im Katzenfall aufzustellen.

1. *Unbekannte Frau identifizieren . Ist sie wirklich identisch mit der Interessentin auf der Katzenausstellung? Falls ja, hatte sie auch Kontakt mit Alexandra/Thilo?*
2. …

An dieser Stelle stockte er. Eigentlich gab es keinen zweiten Punkt mehr. Sein ursprünglicher Plan, Frau Burger von Artgerecht noch einmal allein aufzusuchen und zu den Mitgliedern zu befragen, hatte sich erledigt. Zuerst mussten sie versuchen herauszufinden, wer die Frau mit dem Rucksack war. Trotzdem hielt er an dem Vorhaben fest. Die anonymen Briefe, die Philosophie der Artgerechtler und die Flyer in den Briefkästen von Alexandra, Monika und Thilo – so vieles deutete auf den Verein hin, dass die Spur glühend heiß war. In der Vereinssatzung gab es tatsächlich einen Abschnitt zum Ausschluss von Mitgliedern. Existierte dieser Punkt schon von Anfang an? Oder hatte es vielleicht einen konkreten Anlass gegeben, ihn nachträglich einzufügen?

Als Rosa in der Küche erschien, war sie zum Glück deutlich besser gelaunt. Das Frühstück verlief harmonisch, da sie den gestrigen Abend und speziell den Heiratsantrag im Suff nicht erwähnte. Sebi kannte sie lange genug, um zu wissen, dass sie das Thema irgendwann zur Sprache bringen würde, aber im Moment war es ihr wohl wichtiger, die Suche nach den Katern voranzutreiben. Zuerst fragte sie telefonisch bei ihrer Chefin an, ob sie freinehmen könnte. Silke war nicht begeistert, gab aber ihr Okay. Daraufhin tippte sie Monikas Büronummer und stellte das Gespräch auf Lautsprecher. So bekam Sebi mit, dass Monika wegen eines eiligen Auftrags total im Stress war. Nachdem Rosa ihr die Dringlichkeit der Sache klargemacht hatte, meinte Monika, sie würde um einen Aufschub der Deadline bitten und so etwas Zeit freischaufeln.

»Super, dann treffen wir uns um halb zwölf in Sebis Büro«, sagte Rosa zum Schluss, und bat dann noch: »Bist du so lieb und informierst Thilo und Alexandra? Es wäre wichtig, dass sie auch dabei sind.«

Der Letzte im Bunde, der kontaktiert werden musste, war Bernd. Das übernahm Sebi. Bernd platzte vor Neugier. Er wollte seine Wassergymnastik sausen lassen und sich sofort auf den Weg machen, was Sebi jedoch abzuwenden wusste: »Geh du erst mal schön ins Wasser, ich habe keine Lust, gleich alles doppelt und dreifach zu erzählen.«

15
Rausschmiss

Kurz nach Bernd, der überpünktlich gewesen war und bereits Sebis Chefsessel besetzt hatte, schellte Monika. Rosa ließ sie herein und wollte die Tür gerade wieder zumachen, als sie in einiger Entfernung eine große Gestalt wahrnahm, die winkte und mit Riesenschritten heranrauschte. Es war Alexandra. »Hallo, allerseits!«, warf sie zur Begrüßung schnaufend in die Runde. »Ich habe mich beeilt und bin direkt von der Arbeit hierher gedüst. Habe mir noch nicht mal die Zeit zum Umziehen genommen.«

Letzteres war unschwer zu erkennen, denn die sonst immer farbenfroh gekleidete Züchterin trug einen mausgrauen Kittel nebst Namensschild, das sie als Mitarbeiterin des Getränkemarkts auswies. Kaum hatte Alexandra sich gesetzt, wandte sie sich direkt an Sebi.

»Hoffentlich bringen uns deine neuen Erkenntnisse auch wirklich voran und entpuppen sich nicht als heiße Luft. Ich bin ganz Ohr!«

»Moment mal, Thilo ist noch nicht da«, mahnte Monika. »Er hat mir geschrieben, dass es etwas später wird. Lasst uns noch auf ihn warten.«

Doch Alexandra war gegen jegliche Verzögerung, sie wollte sofort anfangen.

Bernd pflichtete ihr bei. »Mir wäre es recht, wenn wir sofort starten. Normalerweise gönne ich mir nach dem Schwimmbadbesuch ein Mittagsschläfchen. Ich kann euch sagen, dieser Wassersport ist eine Tortur, und jetzt sehne ich mich nach meiner Couch.« Als hätte dies noch einer Bekräftigung bedurft, versuchte er erfolglos, ein Gähnen zu unterdrücken.

Sebi enthielt sich der Stimme. »Mir ist es egal. Thilo wird wohl nichts Weltbewegendes verpassen, wenn er ein paar Minuten später eintrudelt.«

Dieser Meinung war Rosa ebenfalls. Sie holte den Ausdruck des Screenshots und gab ihn Monika. »Ist das die Frau, die sich bei der Ausstellung für deinen nächsten Wurf interessiert hat?«

Monika nahm das Blatt und schaute eine ganze Weile prüfend darauf. Ihre Antwort klang dennoch etwas zögerlich: »Das *könnte* sie sein. Wie hieß sie noch mal? Wartet, ich komme gleich drauf.« Sie legte den Kopf zurück und dachte angestrengt nach. »Ja, ich hab's. Sie heißt Herbst. Den Namen habe ich in mein Notizbuch eingetragen. Eigentlich schreibe ich bei Interessenten auch immer die Telefonnummer dazu, aber sie meinte, sie bekäme bald eine neue, und hat meine Visitenkarte mitgenommen, damit sie sich bei mir melden kann. Auf der Ausstellung sah sie total anders aus. Man erkennt sie kaum mit diesen roten Haaren und der dunklen Brille. Aber sie ist es. Ich bin mir ziemlich sicher.«

Sie reichte den Ausdruck an Bernd weiter. Nachdem er die Frau genau betrachtet hatte, schüttelte er den Kopf. »Mir ist sie auf der Ausstellung nicht über den Weg gelaufen. Und auch sonst kommt sie mir nicht bekannt vor.«

»Jetzt zeig doch mal her!« Ungeduldig riss Alexandra Bernd das Papier aus der Hand. Sie hatte bisher noch keinen Blick auf die Rothaarige hatte erhaschen können und stieß einen überraschten Laut aus, der sich anhörte wie *Oii.* Ihr gewaltiger Busen wogte vor lauter Aufregung. »Die hat den

Flyer in meinen Briefkasten geworfen. Ich habe sie zwar nur von hinten gesehen, aber an die roten Haare erinnere ich mich. Das war also eine Perücke!« Alexandras Stimme dröhnte immer lauter. Nach einem kurzen Verschnaufen zeigte sie mit dem Finger auf Sebi. »Du musst diese Verbrecherin ausfindig machen. Und wenn sie meinem Whissie irgendetwas angetan hat, dann kann sie sich schon mal sehr warm anziehen.«

Angesichts der knirschend mahlenden Kiefer, mit der Alexandra der mutmaßlichen Täterin warme Kleidung empfahl, verspürte Rosa ein leichtes Frösteln. Die Drohung war ohne Zweifel ernst gemeint.

»Nicht so voreilig!«, versetzte Sebi Alexandras Forderungen nach raschem Erfolg einen Dämpfer. »Die Videoaufzeichnungen liefern keinen verwertbaren, schlüssigen Beweis. Wir wissen nichts hundertprozentig sicher. Weder ob sie tatsächlich den Kater gestohlen hat noch ob sie wirklich Herbst heißt. Falls sie diejenige ist, die wir suchen, hat sie Monika mit Absicht keine Telefonnummer gegeben und wahrscheinlich auch einen falschen Namen genannt. Ich muss es leider klar und deutlich sagen: Es besteht wenig Aussicht, die Frau schnell aufzuspüren. Das kann noch etwas dauern.«

Alexandra reagierte erbost. »Dann schalten wir jetzt die Polizei ein, um die Sache zu beschleunigen.« Mit finsterer Miene und geballten Fäusten sprang sie fluchend auf. »Scheiße. War mir ja klar, dass dieser Mensch unfähig ist ...«

Es folgte ein unverständlicher Satz, vermutlich in ihrer Muttersprache. Ein Wort hörte sich für Rosa an wie *Eidjot*, mehr konnte sie nicht heraushören. Alles in allem klang es wenig schmeichelhaft.

Bernd setzte dem Ukrainischen sein Barmer Platt entgegen und schimpfte: »Verdeck noch es!« Als Barmerin kannte Rosa den Ausdruck, der so etwas wie *verdammt noch mal* bedeutete. »Jetzt komm mal wieder runter von deiner Palme, Alexandra«, grummelte Bernd in Hochdeutsch.

Sebi stellte wieder einmal unter Beweis, dass er für Provokationen unempfänglich war. Tatsächlich ließ er Alexandras Beleidigungen einfach an seinem dicken Fell abprallen. Achselzuckend antwortete er: »Wie du möchtest. Bis alle Aussagen aufgenommen sind und die Ermittlungen überhaupt mal in Gang kommen, können Tage vergehen. Wenn es das ist, was du willst, dann tu, was du nicht lassen kannst.«

Die Abgeklärtheit, die Sebi in den meisten Lebenslagen an den Tag legte, hatte Rosa schon oft zur Weißglut getrieben. Für die aufgeheizte Stimmung im Raum erwies sich sein Gleichmut jedoch als probates Mittel zur Deeskalation. Rosa hatte schon befürchtet, dass Alexandra diesmal die Gäule wirklich durchgingen. Ihre Größe und beeindruckende Statur würden sie durchaus befähigen, nicht nur verbal auf Sebi einzudreschen. Doch nach seiner unaufgeregten Antwort klappte ihr Mund erst auf und dann nach ein paar Sekunden zu, ohne weitere Schimpfworte auszuspucken. Anschließend nahm sie wieder ihren Platz auf einem der Besucherstühle ein, die Sebi um den Schreibtisch herum aufgestellt hatte. Es war plötzlich sehr still in der Detektei Fink.

Das betretene Schweigen wurde einen Moment später von Thilo durchbrochen. Monika, die ihn durchs Fenster erspäht hatte, war bereits vor dem Klingeln aufgestanden, um ihn in Empfang zu nehmen.

»Tut mir leid, der Kaiserwagen hat den Schwebebahnbetrieb aufgehalten. Bis die nächste Bahn kam, hat es ewig gedauert«, entschuldigte er sich höflich für seine Verspätung und setzte sich auf den letzten freien Stuhl neben Bernd.

Der klopfte ihm wohlwollend auf die Schulter. »Halb so wild. Außerdem bringt der alte Kaiserwagen Glück. Ich freue mich immer, wenn ich den sehe. Bestimmt eine Sonderfahrt für eine Hochzeitsgesellschaft. Ja, das gute Stück verrichtet seit über hundert Jahren schwebend seinen

Dienst.« Mit einem Grinsen fügte er hinzu: »Zwar langsam und laut quietschend, aber dafür unverwüstlich. Das war noch Wertarbeit. Was man von der neuen Wagenreihe meiner Meinung nach nicht behaupten kann.«

Nachdem sich Thilo gesetzt hatte, brachte Rosa ihn in aller Kürze auf den aktuellen Stand und legte ihm dann das Bild der rothaarigen Frau vor. »Das ist sie. Schon mal gesehen?«

»Nicht, dass ich wüsste.« Thilo studierte das Foto. »Nein ... Und was machen wir nun?«

»Was mich anbelangt, ich empfehle mich jetzt«, kündigte Bernd an. »Meine Ärztin hat mir das strikte Einhalten meiner Mittagsruhe verordnet. Sebi wird schon etwas einfallen.« Während er seine Jacke überzog, sagte er an Alexandra gerichtet: »Dir steht natürlich jederzeit frei, die Polizei einzuschalten. Melde dich telefonisch bei mir, ich kümmere mich dann darum, dass jemand von der Truppe deine Anzeige ordnungsgemäß aufnimmt. Aber wie Sebi schon sagte, erwarte keine Wunder. Der Kater ist rein rechtlich eine Sache. Ein entwendeter Gegenstand also. Da zählt der materielle Wert und nicht der ideelle. Tierdiebstahlsfälle gibt es immer wieder mal, und sie werden nur selten aufgeklärt.«

Rosa stand auf, um Bernd zur Tür zu bringen. Auf der Stufe, die letzte Nacht Sebi beinahe zum Verhängnis geworden wäre, drehte er sich noch einmal um.

»Übrigens habt ihr eine ganz reizende Zimmerwirtin in Dangast. Du kannst deiner besseren ehemaligen Hälfte sagen, dass ich seine Empfehlung beherzigt habe. Mitte Juni geht es zwei Wochen an die Nordsee und ich wohne bei eurer Frau Janssen.«

»Wie schön!«, antwortete Rosa überrascht, denn dass Sebi der reizenden Frau Janssen Bernd als Gast zugeschustert hatte, war ihr neu. »Ja, ich kann mir gut vorstellen, dass du dich dort wohlfühlen wirst. Lass dich von ihr mal so richtig betüddeln, genieß die Seeluft und geh im Kurpark spazieren.«

»Ist genau das, was meine Ärztin mir empfiehlt. Frische Luft, bissken Bewegung und viel Ruhe. Frau Janssen meinte, ihr zwei würdet dieses Jahr auch noch mal bei ihr einkehren?«

Rosa lachte. »Das hätte sie wohl gern. Ausgeschlossen ist es nicht. Aber wie du weißt, sind wir seit unserer Rückkehr schwer beschäftigt und hatten bisher noch keine Gelegenheit, weitere Urlaubspläne zu schmieden.

»Ja, das Ganze beschäftigt mich auch Tag und Nacht. Wenn diese Katzenfälle gelöst sind, sind wir bestimmt alle urlaubsreif. So, ich sage mal bis die Tage.«

»Bis die Tage Bernd.«

Rosa schloss die Tür und begab sich wieder zu den anderen. Das Wort *Katzenfälle* rotierte in ihrem Hirn. Es hatte urplötzlich grausige Assoziationen an Rheumadecken, Pelzbesatz und Mützenbommeln geweckt. Der Handel mit Katzenfellen war seit Langem untersagt, aber womöglich gab es einen Schwarzmarkt. Bandenmäßig organisierte Katzenfänger, die sich auf lukrative blaue Katzenfelle spezialisiert hatten. Sie hoffte inständig, dass ihre Befürchtung sich nicht bewahrheitete und niemand Maurice und Whissie ihr Fell über die Ohren gezogen hatte.

Monika, Thilo, Alexandra und Sebi, die nichts von ihrer Besorgnis ahnten, saßen einträchtig zusammen. Alexandra schien sich wieder abgeregt zu haben. Sie unterhielt sich mit Sebi, als wäre nichts vorgefallen. Thilo und Monika waren ebenfalls in ein Gespräch vertieft. Rosa schaute sich noch einmal den Ausdruck mit der Rothaarigen an, der Frau, die mutmaßlich Whissie in ihrem Rucksack transportierte. Und auf einmal spürte sie ein vertrautes Kribbeln unter der Kopfhaut. Das stellte sich jedes Mal ein, wenn eine vage Erinnerung versuchte, in ihr Bewusstsein vorzudringen. Doch das Bild mit der Rothaarigen hatte sie seit gestern bestimmt ein

Dutzend Mal betrachtet, ohne dass es Kribbeln ausgelöst hatte. Warum also jetzt? Sie konzentrierte sich. Ein oder zwei Minuten starrte sie auf das DIN-A4-Blatt, scannte jedes Pixel. Und plötzlich wusste sie es. Der Rucksack war der Auslöser. Eine Box für den Abtransport der Katze auf das Gelände mitzunehmen, wäre natürlich zu auffällig gewesen. Aber während der Befragung von Monikas Neffen hatte dessen Freund beiläufig erwähnt, Nick habe kurz nach dem Einbruch eine Frau mit Transportbox gesehen. Durch die Witzeleien darüber waren Nick und Lenny überhaupt erst auf die blöde Idee mit der Erpressung gekommen. Könnte Nick an diesem Morgen tatsächlich Zeuge der Entführung von Maurice geworden sein?

Rosa weihte die anderen in diesen Teil ihrer Überlegungen ein, behielt die schlimme Idee mit den Katzenfängern jedoch für sich. Darüber wollte sie lieber mit Sebi allein sprechen.

»Nick ist jetzt wahrscheinlich in der Schule, aber der checkt bestimmt trotzdem sein Handy. Ich schicke ihm eine WhatsApp«, sagte Monika.

Tatsächlich schrieb er sofort zurück. Ein paar Nachrichten später stand fest, dass die Frau, die er gesehen hatte, ziemlich groß, schlank und rothaarig gewesen war. Das gesamte Erscheinungsbild passte.

»Dann hat sie dich wahrscheinlich angerufen, um herauszufinden, wann sie zuschlagen kann, Monika. Das heißt aber auch, dass wir eine Telefonnummer haben. Sebi, könntest du Astrid noch mal ...?«

»Nein, wir haben keine Nummer. Weil Monikas Handy sich letzte Woche aufgehangen hat«, warf Thilo ein.

»Und das bedeutet was genau?«, wollte Rosa wissen.

»Das Display flackerte, dann wurde es schwarz und es tat sich nichts mehr«, erläuterte Monika. »Thilo war gerade bei mir und hat das mitbekommen. Er ist fit in so was und hat alles Mögliche versucht, es wiederzubeleben. Am Ende half nur ein Total-Reset.«

Rosa, die keine Ahnung von technischen Dingen hatte, verstand immer noch nichts. Das war anscheinend so offensichtlich, dass Thilo hinterherschob: »Ich habe ihr Handy auf die Werkseinstellungen zurückgesetzt. Das hat zwar funktioniert, aber danach war es erforderlich, alles neu einzurichten.«

Eine halbe Stunde später musste Sebi das Trio Alexandra, Monika und Thilo nach ergebnislosem Brainstorming fast gewaltsam zur Tür hinausschieben. Wenn es so weiterging, drehten bald alle durch, sogar Rosa. Denn kaum hatte er die Tür zugezogen, begann seine sonst so rationale Ex wie eine Wahnsinnige über professionell organisierte Banden zu spekulieren, eine Katzenfell-Mafia, die es vielleicht auf bestimmte Farben abgesehen hatte. Nur mit Mühe gelang es Sebi, sie zu beruhigen. Katzendiebstähle hatte es tatsächlich bis in die Achtziger häufig gegeben, nicht nur wegen des Fells. Auch Tierversuchslabore kauften damals Katzen an. Obwohl diese Zeiten zumindest in Deutschland lange vorbei waren, kursierten immer mal wieder Gerüchte über Katzenfänger, die mit weißen Lieferwagen herumfuhren. Während seiner Jahre im Polizeidienst wurde diesbezüglich einige Male Anzeige gegen Unbekannt erstattet. Doch er konnte Rosa versichern, dass sich im Laufe der polizeilichen Ermittlungen in der Regel alles als harmlos herausstellte.

»Die meisten Katzen haben sich wohlbehalten wieder angefunden und waren einfach nur entlaufen oder lange draußen herumgestreunt. Es gab natürlich auch welche, die mit Verletzungen oder im schlimmsten Falle überfahren am Straßenrand aufgesammelt wurden. In keinem einzigen Fall sind Tierfänger am Werk gewesen.«

»Das beruhigt mich«, erwiderte Rosa.

Auf Sebi machte sie aber keineswegs einen beruhigten Eindruck. Im Gegenteil, ihre innere Anspannung war unübersehbar.

»Was ist das alles nur für ein Riesenhaufen Mist«, stöhnte sie. »Allmählich gehen mir die Ideen aus, wie wir in der Sache weiterkommen.«

»Ich hätte da noch eine in petto.« Sebi erfreute sich an dem hoffnungsvollen Funkeln in Rosas Augen. Es war ihm gelungen, sie zu überraschen.

Ihre Schultern strafften sich. »Lass hören!«

»Du erinnerst dich, dass ich die Satzung der Artgerechtler mitgenommen habe?«

Augenblicklich sackte Rosa enttäuscht wieder in sich zusammen. Ihre Körpersprache zeigte deutlich, dass sie sich etwas Interessanteres erhofft hatte. Entsprechend wenig enthusiastisch fiel ihre Antwort aus: »Jaja. Du wolltest nachschauen, ob es darin einen Passus für den Ausschluss bei Regelverstößen gibt.«

»Richtig. Und den gibt es. Aber pass auf, er ist erst im letzten Jahr nachgetragen worden. Vorher galt nur ganz allgemein der übliche Ausschluss bei groben Satzungsverstößen. Dann wurden drei Gründe hinzugefügt, nämlich vereinsschädigendes Verhalten, Nichterfüllung der Mitgliederpflichten bzw. Pflichtverletzungen und Verursachung von Zwietracht unter den Mitgliedern. Glaubst du nicht auch, dass es einen Anlass gab, diese Gründe aufzunehmen?«

Rosa war plötzlich voll bei der Sache. »Ein Rausschmiss? Der muss doch bestimmt protokolliert werden, oder?«

»Theoretisch ja. Laut Satzung gilt bei Artgerecht das vereinfachte Ausschlussverfahren durch den Vorstand. Was im Klartext bedeutet, der Vorstand, sprich Gerlind Burger, ist für die Beschlussfassung zuständig und kann ein Mitglied formlos streichen. Wir müssen darüber noch mal mit Frau Burger reden.«

»Nicht wir. Lass mich alleine hingehen und ein Vieraugengespräch unter Frauen führen. Ich appelliere an ihr Gewissen, uns zum Wohl der Tiere alle Informationen zu geben, die uns eventuell weiterhelfen können.«

»Du erwartest, dass sie ausgerechnet dir Auskunft und Einblick in die Mitgliederlisten und andere Unterlagen gewährt? Da bin ich anderer Meinung. Wie ich Frau Burger einschätze, wird sie auf eine richterliche Anordnung bestehen.«

»Wird sie nicht. Denn diesmal lege ich mich nicht mit ihr an, sondern entschuldige mich in aller Form und lege die Karten offen auf den Tisch. Ich gebe zu, dass wir geschwindelt haben und dass du kein Polizist im Dienst bist.«

Sebi wurde unter seiner Jadebusenbräune ein wenig blass um die Nase. »Bist du verrückt? Wenn das mal gut geht. Nicht, dass sie mich noch nachträglich anzeigt.«

»Ich weiß, was ich tue. Vielleicht erreiche ich sie heute noch, sonst versuche ich es morgen. Sie wird mir freiwillig erzählen, was wichtig ist. Vertrau mir einfach.«

Sebis Antwort kam prompt. »Dann mach das so. Ich vertraue dir.« Dann fügte er mit einem Zwinkern schnell hinzu: »Wenn du mir auch vertraust und mich heiratest.«

Rosa grinste, was ein gutes Zeichen war. »Du hast mir in diesem Jahr noch keinen ernst zu nehmenden Antrag gemacht. Grundsätzlich bin ich aber für diese Möglichkeit offen.«

16
Wahnsinn

»Ja, Sie haben recht. Ich musste letztes Jahr bei einem unserer Mitglieder die Notbremse ziehen. Eine extrem unangenehme Sache, denn es war ein Gründungsmitglied. Der Schritt ist mir sehr schwergefallen, dennoch sah ich mich dazu gezwungen. Aber um Ihnen das verständlich zu machen, müsste ich etwas weiter ausholen.«

Rosa signalisierte Frau Burger durch ein leichtes Kopfnicken, dass sie bereit war zuzuhören. Gleichzeitig versuchte sie, die Balance auf dem grünen Fitnessball zu halten, der ihr als Sitzplatz angeboten worden war. Mit mäßigem Erfolg, denn der Ball war so riesig, dass sie mit ihren kurz geratenen Beinen Mühe hatte, die Füße auf den Boden zu stellen. Frau Burger hockte im lässigen Schneidersitz auf einer Yogamatte. Für ihr Alter war die Frau beneidenswert gelenkig.

Sie war vom Übernachtungsbesuch bei Sebi gar nicht erst nach Hause gefahren, sondern hatte die Tierrechtlerin direkt am späten Nachmittag in deren Privatwohnung aufgesucht. Diese befand sich auch auf dem Ölberg, nur ein paar Häuser von den Vereinsräumen entfernt. Die Begrüßung war mehr als frostig ausgefallen. Doch immerhin hatte Frau Burger ihr nicht die Tür vor der Nase zugeschlagen. Bei Rosas Bekenntnis, dass sie lediglich privat ermittelten und Sebi nicht mehr der Polizei angehörte, waren dann neun Augen auf sie gerichtet gewesen. Und alle schienen gleichermaßen vorwurfsvoll zu gucken: die drei greisen Katzen, der klapprige einäugige Hund und Frau Burger. Nachdem Rosa sie in die Details des Katzenfalls eingeweiht hatte, aus dem im Laufe der letzten Wochen drei anscheinend zusammenhängende Fälle geworden waren, war Frau Burger tatsächlich kooperativ.

»Es handelt sich bei dem Vereinsmitglied um Jochen Heinzemeier«, begann die Artgerechtlerin ihre Ausführungen. Rosa konnte die Enttäuschung darüber, dass es um ein männliches Mitglied ging, nicht verbergen. Jochen Heinzemeier war wohl kaum identisch mit Frau Herbst.

»Ich kenne ihn aus der Zeit in Spanien, genauer gesagt aus dem letzten Jahr, in dem ich mich in Granada für Straßenhunde und Straßenkatzen engagiert habe. Er gehörte zu einer Gruppe junger Veterinärmedizinstudenten, die im Rahmen eines studienbegleitenden Projekts andalusische Tierärzte gegen Überpopulation unterstützten. Wir haben uns gut verstanden, zumal er zufällig so wie ich aus Wuppertal kam. Einige Monate nach dem Abschluss seines Projekts bin ich auch nach Deutschland zurückgekehrt. Er hat mich bei der Vereinsgründung unterstützt und ist eines der ersten Mitglieder gewesen. Da er aber beruflich so eingespannt war, wollte er kein Amt übernehmen.«

»Was genau haben Sie beide in Granada getan?«, fragte Rosa nach.

»Ich spreche perfekt Spanisch und habe Aufklärungsarbeit bei der Bevölkerung zum Thema Kastration geleistet. Jochens Projekt hatte mit Kastrationsmanagement zu tun. Das einzige wirksame Mittel, langfristig gegen das Leid der Straßentiere vorzugehen und die Tötung von Tieren zu verhindern, ist die Verhinderung von Nachwuchs. Wissen Sie, wie groß die Nachkommenschaft unkastrierter Hündinnen und Katzen ist, wenn man einen fruchtbaren Zeitraum von fünf Jahren zugrunde legt?«

Rosa hatte nicht die geringste Ahnung, aber Frau Burger erwartete offenbar auch keine Antwort von ihr, sondern gab diese selbst. »Jede Hündin, jede Katze kann nach fünf Jahren über 60.000 Nachkommen haben.«

Rosa versuchte, sich diese schwindelerregende Zahl vorzustellen. » Ungeheuerlich.«

»Ja, die Jungtiere aus dem ersten Wurf vermehren sich nach kurzer Zeit wieder, und deren Junge und so weiter und so fort. Das nennt man exponentielles Wachstum.«

»Und darüber wollten Sie aufklären.«

»Genau, aber Aufklärung allein war mir zu wenig. Ich habe zusammen mit anderen Tierschützern Futterstellen eingerichtet. Die zogen auch verkrüppelte, verletzte und kranke Tiere an, um die wir uns gekümmert haben. Hin und wieder gelang es uns, Notfälle nach Deutschland zu vermitteln. Katzen und Hunde, die sonst in Tötungsstationen gelandet wären. So wie Carlos.« Der Hund spitzte kurz die Ohren, als er seinen Namen hörte, wedelte mit dem Schwanz und versuchte schwerfällig, sich aufzurichten. »Bleib du schön liegen, alter Knabe, schon dich«, hielt sein Frauchen ihn von seinem Vorhaben ab und erklärte Rosa: »Das Alter fordert seinen Tribut. Er hat Arthritis und ich muss aufpassen, dass er seine Gelenke nicht überlastet.« Schnaufend legte sich Carlos wieder in sein Hundebett. Die graue Schnauze auf den Vorderpfoten abgestützt und die Ohren weiterhin aufgerichtet, sah es so aus, als lauschte er aufmerksam jedem Wort der Unterhaltung.

»Heinzemeier hat also Tiermedizin studiert. Und danach?«

»Er war erst als Assistenztierarzt in einer Tierklinik angestellt. Parallel hat er seine Doktorarbeit geschrieben und sich weitergebildet. Die Probleme begannen, als er anfing, im Schlachtbetrieb zu arbeiten.«

Obwohl Frau Burger laut und deutlich gesprochen hatte, glaubte Rosa, sich verhört zu haben. »Wie bitte?«, platzte es aus ihr heraus. »Das müssen Sie mir jetzt aber wirklich ganz genau erklären. Was tut ein Tierschützer und Tierarzt in einer Schlachterei?«

»Es ist nahe liegender, als man auf Anhieb denken mag. So etwas gehört zur tierärztlichen Ausbildung. Kontrollen von Schlachtungen, Schlachthöfen und Tiertransporten. Aber ich war auch schockiert. Ich konnte nie verstehen, warum Jochen sich das angetan hat. Er hätte in der Tierklinik bleiben und irgendwann eine eigene Praxis eröffnen können, statt sich auf Lebensmittelhygiene zu spezialisieren. Warum ausgerechnet dieser Job, habe ich ihn gefragt. Seine Antwort war: *Einer muss ihn ja machen. Und ich werde ihn gut machen.* Er wollte dem Schutz der Tiere in aller Konsequenz nachkommen. Einschreiten und Missstände offenlegen, so wie es der tierärztliche Ethik-Kodex vorsieht.«

Rosa bemühte sich, ihre zunehmende Anspannung nicht auf die instabile Sitzgelegenheit zu übertragen. »Sie haben ihn aber bestimmt nicht wegen seiner Tätigkeit in der Schlachttier- und Fleischuntersuchung aus dem Verein geschmissen?«

»Nein. Ich bin allerdings überzeugt, dass er das psychisch nicht verkraftet hat. Deswegen war er dann so empfänglich für den Fanatismus seiner neuen Partnerin.«

Ausgerechnet jetzt griff Frau Burger zur Wasserflasche, die neben der Yogamatte auf dem Boden stand. »Möchten Sie auch etwas trinken? Dann hole ich ein Glas für Sie.«

Rosa lehnte dankend ab. »Für mich nicht. Erzählen Sie weiter, was ist das für eine neue Partnerin?«

»Er hat sie bei einer Veranstaltung von radikalen Tierschützern gegen die Fleischindustrie kennengelernt. Jochen suchte den Dialog mit der Gruppe und sie war eine der Beteiligten. Diese Frau hat ihn stark beeinflusst und man kann wohl sagen, dass sie der eigentliche Grund für seine Radikalisierung war. Er begann, die Philosophie von Artgerecht immer heftiger zu kritisieren, wollte polarisierende Kampagnen im Stil von PETA. Fahndungsplakate mit Tierquälern, Tierkadavern und Rinderblut, solche Sachen. Wir lehnten diesen Kurs ab. Daraufhin bezeichnete er uns als Softies, beleidigte uns, hetzte gegen Artgerecht und war am Ende für uns nicht mehr tragbar. Für seinen Arbeitgeber übrigens auch nicht.«

Der grüne Ball geriet beinahe ins Rollen, als Rosa versuchte, an das Papier zu gelangen, das sie wohlweislich mitgenommen und zusammengefaltet in die Gesäßtasche ihrer Hose gesteckt hatte. »Ist das seine Partnerin?«, fragte sie gespannt, während sie vorsichtig aufstand, um Frau Burger das Blatt zu geben.

Was ihr ähnlich viel Mühe wie dem arthritischen Carlos bereitete, gelang Frau Burger indes mit katzenartiger Geschmeidigkeit. Verblüfft bemerkte Rosa, wie leicht diese aus dem Schneidersitz vom Boden hochkam – und das sogar, ohne sich mit den Händen abzustützen.

Sie nahm das Blatt entgegen, warf jedoch nur einen flüchtigen Blick darauf. »Bedaure, selbst mit Brille könnte ich sie nicht identifizieren. Keiner von uns hat sie zu Gesicht bekommen, er hat sie nie vorgestellt.«

»Aber Sie werden wissen, wie sie heißt?«, fragte Rosa.

Leider machte Frau Burger auch diese Hoffnung umgehend zunichte. »Es tut mir wirklich leid, ich kenne nur ihren Vornamen. Constanze. Das wird Ihnen kaum weiterhelfen. Jochens Adresse kann ich Ihnen geben, weiß aber nicht, ob die noch aktuell ist.«

»Das lässt sich feststellen. Ich frage mich inzwischen nur ernsthaft, ob wir insgesamt auf der richtigen Spur sind. Es schien so vieles darauf hinzudeuten, aber aus welcher Motivation heraus sollten er und seine Aktivistin Rassekatzen stehlen? Die Sprühaktion würde ich ihnen zutrauen, vielleicht als kleine Aufwärmübung für geplante größere Sachen. Aber was wollen sie mit den Katern?«

Frau Burger schien angestrengt einen imaginären Punkt in der Ferne zu fixieren, bevor sie sagte: »Der Mann, den ich kenne, würde niemals zulassen, dass unschuldige Tiere zu Schaden kommen. Aber er war zuletzt gar nicht mehr er selbst. Auf mich wirkte er wie die Marionette einer Fanatikerin. Die Fäden hat sie gezogen, und wozu sie ihn treibt, kann ich nicht einschätzen. Ich habe seit fast einem Jahr keinen Kontakt mehr zu ihm.«

Rosa musste unwillkürlich an die Forderungen des Tierarztes nach Tierkadavern und Blut denken. Könnte er so sehr unter dem Einfluss dieser Constanze stehen, dass er seinen Hippokratischen Eid brach? Sie wusste nicht, ob Tierärzte einen Eid leisten mussten so wie Humanmediziner. Auf jeden Fall gab es wohl so etwas wie eine ethische Verpflichtung, denn Frau Burger hatte eben einen Ethik-Kodex erwähnt. Seine Arbeitsstelle hatte er verloren, vielleicht auch seine Zulassung? Wenn er schon vorher psychisch angeschlagen war, könnte ihn der Verlust seiner gesamten Existenzgrundlagen noch zusätzlich belastet haben. Doch das waren alles Spekulationen. Sie dankte Frau Burger für ihre Offenheit. Dann kündigte sie an, nun aufbrechen zu wollen. Beim Herunterrutschen vom Sitzball gelang es ihr, einigermaßen elegant auf den Füßen zu landen.

»Wie lautet denn die Adresse von Dr. Heinzemeier, die Ihnen bekannt ist?«, fragte sie. Die Straße, die Frau Burger ihr nannte, speicherte sie im Handy. Sie befand sich noch auf Wuppertaler Stadtgebiet, aber ganz weit draußen, und trug den aussagekräftigen Namen Hintersudberger Straße. Die Gegend kannte sie und wusste daher auch, dass *Am Arsch der Welt* eine noch treffendere Bezeichnung war. Wenn sich Fuchs und Hase irgendwo eine gute Nacht wünschten, dann bestimmt im verschlafenen Cronenberger Ortsteil Hintersudberg.

»Informieren Sie mich bitte unbedingt, sobald Sie neue Erkenntnisse haben«, bat Frau Burger, als sie sich verabschiedeten. »Es tut mir leid, dass ich bei unserem ersten Gespräch gemauert habe. Ich wollte diskret sein und Jochen nicht in Schwierigkeiten bringen, schließlich war er über Jahre ein wirklich guter Freund und Weggefährte.«

»Das ist schon in Ordnung«, erwiderte Rosa.

Sie streichelte Carlos. Die Katzen hatten das Interesse an ihr längst verloren. Sie lagen auf der Fensterbank und schliefen, aber der alte Zottelhund hatte es sich nicht nehmen lassen, ihnen zu folgen, um sich zur Verabschiedung neben der Tür zu positionieren.

»Falls es erforderlich sein sollte, wäre ich jetzt auch bereit, meine Aussage als Zeugin vor der Polizei zu wiederholen.« Frau Burgers Stimme klang bei diesen Worten traurig, aber zugleich entschlossen.

In Ermangelung anderer Möglichkeiten hatte Rosa ihr Fröschlein verkehrswidrig im Parkverbot abgestellt. Als sie auf den Schusterplatz zuging, erkannte sie schon von Weitem, dass ihr das Glück hold gewesen war. Das Auto stand noch dort, und wie sie beim Näherkommen erfreut feststellte, hatte man ihr noch nicht mal ein Knöllchen verpasst. Einen Moment erwog sie, Sebi anzurufen. Aber dann kam sie zu dem Schluss, dass es nicht schaden konnte, ihn auch mal etwas auf Neuigkeiten und ein Lebenszeichen warten zu lassen. Dann würde er am eigenen Leib spüren, wie sich das anfühlte. Sie startete den Motor und verwendete ihre volle Konzentration darauf, auf dem Ölberg mit seinem Labyrinth aus Einbahnstraßen nicht die Orientierung zu verlieren. In der Talsohle kannte sie sich wieder aus. Von dort ging es bis zu ihrer Wohnung nur noch berghoch.

Am höchsten Punkt hätte Rosa rechts abbiegen müssen, nach Küllenhahn. Irgendetwas trieb sie jedoch dazu, geradeaus weiterzufahren, in Richtung *Dorp*, wie die alteingesessenen *Dörper* ihren Stadtteil Cronenberg zu nennen pflegten. Bevor sie mit Sebi die weitere Vorgehensweise besprach, wollte sie nachschauen, ob die Adresse, die Frau Burger ihr gegeben hatte, noch stimmte. Wenn sie sich beeilte, könnte sie vor Einbruch der Dunkelheit wieder zurück sein. Und dann wäre es wohl das Beste, wenn Sebi sich morgen mit der Polizei kurzschloss. Die Hinweise, die nun vorlagen, mussten doch locker ausreichen, zwei Beamte loszuschicken, damit sie Heinzemeier auf den Zahn fühlten.

Zehn Minuten später erreichte sie das kleine Zentrum Cronenbergs. Ab dort zog es sich gefühlt noch mal doppelt so lang. Erst ging es über die Berghauser Straße zum Sudberg und von dort durch die Pampa zum abgelegenen Hintersudberg. Sie kam an mehreren urigen Schiefer- und Fachwerkhäuschen vorbei, die dem Anschein nach noch aus der Zeit stammten, als diese Siedlung entstanden war. Die Hausnummer, nach der sie suchte, gehörte jedoch zu einem relativ modernen Eigenheim. Das dazugehörige Grundstück grenzte an den Waldrand. Rosa fuhr langsam daran vorbei. Den Abfalltonnen nach zu urteilen, die hier wie bei den anderen Häusern am Straßenrand standen und auf die Müllabfuhr warteten, war das Haus bewohnt. Es wirkte aber nicht so, als wäre jemand daheim. Nirgendwo brannte Licht, obwohl es nun allmählich dämmrig wurde.

Ein Stück weiter wendete Rosa an einem Feldweg und hielt an. Sie schaute sich um. Keine Menschenseele weit und breit, die Siedlung war wie ausgestorben. Sie ließ das Fröschlein an dem Feldweg stehen und schritt auf den Vorgarten des Hauses zu. Er ähnelte einer Grabstätte, auf der ein einsamer, akkurat rund gestutzter Buchsbaum inmitten von hellen Steinen und Schotter sein karges Dasein fristete. Eine pflegeleichte Steingartenwüste des Grauens, dachte sie schaudernd. Die gelbe Tonne, die davor stand, quoll so über, dass der Deckel aufklaffte. Rosa warf einen Blick auf den Beutel, der daraus hervorlugte, und sah, dass er mehrere leere Dosen Katzenfutter beinhaltete. Wer auch immer hier wohnte, hatte mindestens eine Samtpfote zu versorgen. Sie lupfte den Deckel der direkt daneben abgestellten Restmülltonne und erblickte zuoberst einen Beutel mit benutzter Katzenstreu. Immer noch war niemand in Sichtweite, darum eilte sie zum Hauseingang. Auf dem Klingelschild standen zwei Namen.

Dr. J. Heinzemeier & C. Herbst-Heinzemeier

Inzwischen waren die beiden also verheiratet. Rosa hatte es plötzlich sehr eilig, nach Hause zu kommen. Sie musste Sebi unbedingt mitteilen, was sie herausgefunden hatte. Aber vorher wollte sie noch schnell Beweisfotos vom Inhalt der Mülltonnen machen, bevor diese geleert wurden. Gerade zoomte sie die Tüte mit der beachtlichen Menge an Kot und Streuklumpen heran, als hinter ihr eine männliche Stimme fragte: »Würden Sie mir mal erklären, was Sie da tun?«

Rosa zuckte zusammen. So ein Mist! Hastig drehte sie sich um und schaute in ein Gesicht, das sie nicht zum ersten Mal sah. Sie lag also mit ihrer Vermutung richtig, denn den Mann, der sich mit einem Schlüsselbund in der Hand von hinten genähert hatte, kannte sie von der Katzenausstellung. Rosa erschrak bei seinem Anblick – nicht nur, weil sie sich auf frischer Tat ertappt fühlte, sondern auch, weil er schrecklich aussah. Auf der Ausstellung war er dünn gewesen, aber nicht abgemagert. Jetzt schien er nur noch aus Haut und Knochen zu bestehen. Heinzemeier musterte sie aus dunkel umschatteten Augen. Rosa konnte sich vorstellen, wie es hinter seiner hohen Stirn arbeitete, bevor auch er sie erkannte. Er rang sich ein Lächeln ab, das ihn noch hohlwangiger wirken ließ. »Na so eine Überraschung. Wollten Sie zu mir, Frau …?« Hier geriet er ins Stocken. »Verzeihung, Ihr Name ist mir entfallen.«

»Fink. Rosa Fink«, beeilte Rosa sich in bester James-Bond-Manier zu sagen. Erst dann fiel ihr ein, dass sie verwundert tun musste. »Das gibt's doch nicht! Ausgerechnet hier treffen wir uns zufällig wieder!«

Von Heinzemeier, der inzwischen nicht mehr lächelte, kam keine Reaktion. Er schaute sie einfach nur ausdruckslos an und schwieg.

»Ich gehe hier öfters mal im Wald spazieren. Sie wohnen ja beneidenswert idyllisch«, fügte sie enthusiastisch hinzu, um sich sofort über sich selbst zu ärgern. Die Erklärung hätte sie sich sparen können. Er hatte wahrscheinlich gesehen, dass sie die Mülltonnen fotografiert hatte, und ein weniger idyllisches Motiv war wohl schwerlich vorstellbar.

»Na, dann werde ich jetzt aufbrechen, bevor es dunkel wird. Ich wünsche Ihnen noch einen schönen Abend und viele Grüße an Ihre Frau.« Sie nickte in seine Richtung und versuchte parallel, ihr Handy möglichst unauffällig in der Hosentasche zu verstauen.

»Danke, und kommen Sie gut nach Hause. Die Grüße werde ich ausrichten.« Rosa spürte seinen Blick in ihrem Nacken. Sie unterdrückte das Bedürfnis, zum Auto zu rennen. Doch es fiel ihr schwer, am liebsten wäre sie gesprintet.

»Moment, Sie haben da etwas verloren!«, rief ihr Heinzemeier vom steinernen Vorgarten aus hinterher. Sie blieb abrupt stehen. Erst, als sie ihn näherkommen hörte, drehte sie sich langsam um. Eine Armeslänge entfernt faltete er ein Blatt Papier zusammen. Das Foto! Es musste aus ihrer Gesäßtasche gefallen sein, als sie das Handy hineingesteckt hatte. Heinzemeier trat einen Schritt auf sie zu, um ihr das Blatt anzureichen. Sie nahm es entgegen und spürte, wie sich seine dürren Finger um ihr Handgelenk krallten. »Übermitteln Sie meiner Frau die Grüße doch persönlich«, sagte er leise. »Sie müsste gleich zurück sein.«

17
Glöckchen

Als selbst ernannter *Chef de Cuisine* konnte Sebi zwei seiner größten Leidenschaften ausleben: Kochen und Essen. Die Küche war sein Refugium. Er hatte die Einrichtung bis ins Detail durchgeplant. In den anderen Räumen nahm er es mit der Ordnung nicht so genau, aber in seiner Küche musste immer alles am richtigen Platz sein. Töpfe, Pfannen und oft benötigte Küchenutensilien hingen griffbereit an langen Hakenleisten, Gewürze standen sortiert auf einem Regal über der Arbeitsplatte und auf der Fensterbank zog er frische Kräuter. Da es ihm in netter Gesellschaft am besten schmeckte, lud Sebi regelmäßig Freunde und Bekannte zum Essen ein. Aber niemand wusste seine Gastgeberqualitäten mehr zu schätzen als Rosa, deren eigenes Rezept-Repertoire sich auf einfache Gerichte beschränkte, die schnell fertig waren.

In der Küche kann ich nur Quickies, hatte sie mal gesagt. Umso mehr genoss sie es nach eigenem Bekunden, sich von ihm bekochen zu lassen.

Das bevorstehende Wochenende wollte Sebi für den ernsthaften Heiratsantrag nutzen, den Rosa sich wünschte. Grundsätzlich war sie bereit, es noch einmal mit ihm als Ehemann zu versuchen, und darum hatte er ein erstklassiges

Stück Hinterkeule vom Bio-Weiderind aus der Region gekauft. Morgen Abend würde er das Jawort mit einem festlichen Boeuf Bourguignon in trockene Tücher bringen. Die Vorbereitungen liefen auf Hochtouren. Wenn er Rosa zum Essen erwartete, betrieb Sebi immer besonders viel Aufwand. Die Erfahrung hatte ihn nämlich gelehrt, dass an der Redensart von der Liebe, die durch den Magen geht, wirklich etwas Wahres dran war. Nichts konnte Rosa verlässlicher in Wallung bringen als seine Kochkünste. Fröhlich vor sich hin summend übergoss er das Rindfleisch im gusseisernen Bräter mit Spätburgunder aus der angebrochenen Flasche. Eine bessere Resteverwertung war kaum vorstellbar. Sein Gourmetrezept sah vor, das Fleisch über Nacht in einem Sud aus Kalbsfond und Rotwein auf niedrigster Stufe schmoren zu lassen, damit es am nächsten Tag butterweich auf der Zunge zerging. Was jetzt noch fehlte, war das Bouquet garni. Er band ein Sträußchen aus frischen Kräutern zusammen und wickelte es mit einem Lorbeerblatt in ein dünnes Baumwolltuch. Dieses verschloss er an beiden Enden mit einem Bindfaden, bevor er das Kräutersträußchen in der dampfenden Flüssigkeit versenkte und den Deckel auflegte.

Obwohl die Dunstabzugshaube auf höchster Stufe lief, begann das Küchenfenster von innen zu beschlagen. Sebi öffnete es weit, lehnte sich heraus und schaute auf die Straße. Zusammen mit der angenehm kühlen Luft drangen die typischen Geräusche des Stadtlebens in den Raum. Andere würden das vielleicht als Lärm bezeichnen, aber er empfand es nicht so. Hier, in unmittelbarer Nähe der Luisenstraße, war am Wochenende immer viel los. Ob er noch mal auf einen Espresso im Katzengold oder im Café du Congo vorbeischauen sollte? Aber dann verwarf er die Idee wieder, stellte das Fenster auf Kipp und verließ die Küche, um sich noch etwas vor den Fernseher zu setzten. Rosa hatte sich nicht mehr gemeldet. Sie war wohl doch direkt nach Hause gefahren, ohne vorher noch Frau Burger aufzusuchen. Ihm sollte es recht sein, denn auf einen Tag mehr oder weniger kam es ohnehin nicht mehr an. Maurice wurde seit dem 23. April vermisst, also seit zehn Tagen, und Whissie war genau eine Woche später verschwunden. Im schlimmsten Falle waren sie tot. Daran konnten dann leider auch die Auskünfte von Frau Burger nichts mehr ändern. Wenn sie aber noch lebten, würden sie wohl noch eine Nacht länger durchhalten.

Was das Schicksal der Tiere anbelangte, neigte er zu einem gesunden Zweckoptimismus. Er würde sie unversehrt aufspüren, alle wären glücklich und er müsste danach hoffentlich keinen Gedanken mehr an irgendwelche Katzen verschwenden. Vor allem dann nicht, wenn es Monikas La Belle gelungen war, Maurice auf Abstand zu halten. Damit könnte sich das Thema Nachwuchs vorläufig erledigt haben. Er wusste, wie begeisterungsfähig Rosa war. Hatte sie sich neue Flausen in den Kopf gesetzt, ließ sie sich diese erst einmal nicht ausreden. Doch die anfängliche Euphorie ebbte bei ihr oft bereits nach kurzer Zeit ab. Darauf setzte er seine Hoffnungen – und natürlich auch auf Alexandras Katzenzucht als abschreckendes Beispiel. Was sie beide dort gesehen und gerochen hatten, sollte reichen, um die Begeisterung ein wenig zu dämpfen. Mit Schaudern erinnerte er sich an die ohrdegenerierte Teufelskatze mit den Schwefelaugen, den Rest der Faltohrbande und die verfilzten Plattnasen, die phlegmatisch herumgelegen und Haare verteilt hatten. Seine Ehemalige und Zukünftige hatte womöglich nicht bedacht, dass kleine süße Kitten zu großen hässlichen Monsterkatzen heranwachsen konnten, sonst hätte sie nicht gleich zwei Stück im Sack bestellt.

Das Handy vibrierte. Nachdem Sebi einen Blick darauf geworfen hatte, legte er es genervt auf den Couchtisch. Anfang des Jahres hatte seine Schwester ihn ungefragt zu einem Gruppenchat hinzugefügt. In diesem Chat tummelten sich seine beiden Geschwister Stephanie und Christoph und deren gesamter Anhang. Die Kommunikation bestand hauptsächlich aus dem Versenden von Familienfotos, garniert mit albernen Emojis, endlos langen Sprachmemos ohne Informationsgehalt und weitergeleiteten Nachrichten nach dem Vorbild der guten alten Kettenbriefe. Da half nur beharrliches Ignorieren. Von Rosa war keine Nachricht gekommen. Sie strafte ihn ab, sonst hätte sie ihm wenigstens noch kurz eine gute Nacht gewünscht. *Oh Weib, du bist so leicht durchschaubar.* Natürlich war das die Rache für seinen Azzurro-Exzess. Da konnte Rosa nicht aus ihrer Haut. Sie war nun mal nachtragend. Außerdem sturköpfig, scharfzüngig, rechthaberisch und kapriziös. Aber auch souverän, witzig, scharfsinnig, anschmiegsam und leidenschaftlich. Und hübsch dazu. Das war ihm damals als Erstes an ihr aufgefallen. Kennengelernt hatten sie sich auf einer Silvesterparty. Rosa und er schienen die einzigen Anwesenden zu sein, die ohne Partner feierten. Er betrachtete es als glückliche Fügung, dass diese süße Frau mit der rotblonden Lockenmähne das neue Jahrtausend anscheinend auch als Single begrüßte. Wie zufällig suchte er ihren Blick und lächelte sie an. Alles, was zurückkam, war ein Pokerface. Sie schaute einfach durch ihn hindurch, als wäre er unsichtbar. Dabei war er bei seiner Größe und Statur wahrhaftig nicht leicht zu übersehen. Er zwinkerte. Keine Reaktion. Er hob und senkte die Augenbrauen mehrmals hintereinander. Sie ignorierte ihn hartnäckig. Er schob die Unterlippe schmollend vor. Sie überspielte ein verräterisches Zucken um die Mundwinkel, indem sie eine Haarsträhne aus dem Gesicht pustete, drehte dann betont gelangweilt das Glas in ihrer Hand und stocherte mit dem Strohhalm im Bodensatz aus zerstoßenem Eis. Viel mehr war von ihrem Cocktail nicht mehr übrig. Daraufhin drehte Sebi ihr den Rücken zu und schlenderte zur Bar. Wenig später kehrte er mit zwei Cocktails zurück, und wie erhofft, stand sie immer noch allein an dem Bistrotisch. Das Glas hatte sie inzwischen abgestellt. Er ging auf sie zu.

»Caipi oder Cuba Libre?«

»Und wenn ich weder noch möchte?«

»Dann müsste ich beide allein trinken.«

»Das kann ich nicht zulassen.«

Endlich schenkte sie ihm ein richtiges Lächeln und entschied sich für den Caipi. Um Mitternacht stießen sie mit Champagner zusammen auf die Zukunft an und Sebi wünschte sich insgeheim, dass Rosa in seiner Zukunft eine Hauptrolle spielen würde. In den nächsten Wochen und Monaten setzte er alles daran, diesen Wunsch in Erfüllung gehen zu lassen. Innerhalb eines Jahres waren sie verheiratet. Doch ein paar Jahre später war vom Überschwang der ersten Verliebtheit beiderseits nur noch wenig übrig. Der Alltagstrott forderte seinen Tribut, dazu kam bei ihm der stressige Schichtdienst – und im verflixten siebten Ehejahr sein One-Night-Stand als ultimativer Beziehungskiller. In den neun folgenden Monaten hasste seine Frau ihn deswegen von ganzem Herzen, aber als Frieda geboren wurde, war sie die Erste, die ihm gratulierte und ein mit buntem Geschenkpapier umwickeltes Päckchen vorbeibrachte. »Für deine Kleine«, sagte sie, und fügte hinzu: »So hat das Ganze irgendwie doch noch etwas Gutes bewirkt.« Auf die Scheidung bestand sie trotzdem, obwohl sie sich in den Wochen, die bis dahin ins Land zogen, wieder sehr viel näherkamen.

Sein Handy-Klingelton mit dem Intro von Inspector Columbo riss Sebi aus den Erinnerungen. Er schaute aufs Display, von dem Rosa ihn entspannt anlächelte, die Haare von einer frischen Brise zerzaust. Das Foto hatte er im April am Dangaster Strand aufgenommen. Er hielt das Handy ans Ohr und sagte: »Hallo, Schatz.« Doch es kam keine Antwort, nur ein Rauschen, das abrupt endete. Die Verbindung war unterbrochen. Er öffnete die Anrufliste, tippte auf Rosas Namen und ließ es klingeln. Als die Mailbox automatisch ansprang, startete er einen neuen Versuch und hörte diesmal sofort das Besetztzeichen. Vielleicht versuchten sie gerade gleichzeitig, einander zu erreichen? Er wartete eine Minute ab, bevor er wieder auf das Telefonsymbol neben ihrem Namen tippte.

Der Teilnehmer ist derzeit nicht erreichbar.

Die Ansage konnte nur bedeuten, dass ihr Handy jetzt ausgeschaltet war. Sehr seltsam.

Obwohl er vermutete, dass sie von unterwegs angerufen hatte, probierte er es auf ihrem Festnetzanschluss und vernahm nach mehrmaligem Läuten tatsächlich Rosas Stimme.

Fink. Leider bin ich im Moment nicht erreichbar. Nach dem Piepton können Sie mir eine Nachricht auf den AB sprechen. Auf Wiederhören.

Sebi hielt es nicht mehr auf der Couch. Er sprang auf und versuchte sich einzureden, dass es sicher eine harmlose Erklärung gab. Vielleicht hatte sie das Handy fallen lassen und es war nach einer harten Landung auf dem Boden nun defekt. Aber wäre dann bei seinem Rückruf ein Besetztzeichen zu hören gewesen? Oder die Mailbox? Eher unwahrscheinlich. Ebenso wenig konnte er sich vorstellen, dass sie es mit ihrer Retourkutsche dermaßen übertrieb. Sie würde ihn niemals absichtlich in Sorge versetzen. Und in Sorge war er definitiv. Während er vom Wohnzimmer durch den Flur in die Küche und wieder zurück tigerte, schossen ihm alle möglichen Szenarien durch den Kopf. Er rief sich zur Ordnung. Es würde eine logische, harmlose Erklärung geben.

Anscheinend war sie nicht in ihrer Wohnung, jedenfalls ging sie nicht ans Telefon. Wo konnte sie also sein? Sie hatte vorgehabt, noch Frau Burger aufzusuchen, bevor sie nach Hause fuhr. Falls sie ihr Vorhaben in die Tat umgesetzt hatte, könnte Rosa sich immer noch bei ihr aufhalten. Der Besuch hätte dann allerdings mit über vier Stunden ungewöhnlich lange gedauert. Aber das ließ sich herausfinden. Frau Burgers Privatnummer hatte er, und er würde sie jetzt sofort anrufen.

Das Herz schlug ihr bis zum Hals. Diese Redewendung hatte Rosa bisher als Pendant zu Schmetterlingen im Bauch betrachtet. Die eine Floskel wurde in Krimis überstrapaziert, die andere in Liebesromanen. Doch nun erlebte sie am eigenen Leib, dass es mehr als eine Floskel war. Der irre Tierarzt hatte sie im abgelegensten Winkel Cronenbergs dazu genötigt, in den Keller seines Hauses hinabzusteigen, um dort mit ihm auf die Rückkehr seiner wahrscheinlich nicht minder irren Frau zu warten. Ein beklemmendes Engegefühl breitete sich von ihrer Brust bis zur Kehle aus und ihr Herz raste. Sie bemühte sich, ruhig zu atmen, als Heinzemeier ihr Handy ausschaltete, das er eben einkassiert hatte. Kurz vorher war es ihr gelungen, eine Telefonverbindung zu Sebi herzustellen, die sie aber sofort wieder wegdrücken musste, damit Heinzemeier es nicht mitbekam. Hätte Sebi doch nur nicht prompt zurückgerufen! Nun war sie von der Außenwelt abgeschnitten.

Eine pummelige Katze mit blaugrauem Fell, der kräftigen Statur und dem runden Kopf nach zu urteilen eine Britisch Kurzhaar, strich schnurrend um die Beine des Irren. Der entnahm der obersten Schublade eines Rollcontainers einen Beutel mit Leckerlis. »Na, Maurice, ein kleiner Snack? Jetzt bekommst du endlich Speck auf die Rippen.«

Maurice! Wenn dieses Tier der verschollene Kater war, hatte er bei dem Irren immerhin keinen Hunger leiden müssen. Das Opfer wirkte im Gegensatz zum Täter sehr wohlgenährt, gesund und fit. Sie zuckte zusammen, als Heinzemeier plötzlich das Wort an sie richtete: »Bitte entschuldigen Sie die Freiheitsberaubung, Frau Fink. Und dass ich Ihr Smartphone an mich genommen habe. Normalerweise ist hier unten ganz schlechter Empfang, es wundert mich, dass es funktioniert hat. Glauben Sie mir, Sie haben nichts zu befürchten, aber Sie müssen bis morgen Abend hierbleiben.«

Das könnte ihm so passen, dass sie seinem Geschwätz Glauben schenkte. Um darauf hereinzufallen, hatte sie definitiv zu viele skandinavische Krimis gelesen. In den härteren von Arne Dahl, Jo Nesbø oder Jussi Adler-Olsen gerieten ständig unschuldige Menschen in die Fänge eines Irren. Sofern es sich nicht zufällig um die Hauptprotagonisten handelte, überlebten nicht alle das Martyrium und hielten durch, bis Rettung nahte. Der wichtigste Faktor war dabei die Zeit. Sie musste Zeit gewinnen und auf Sebi hoffen. Er rätselte bestimmt schon, warum sie telefonisch nicht mehr erreichbar war. Aber wann würde er beginnen, sich Sorgen zu machen und nachzuforschen? Im schlimmsten Fall erst morgen. Bis dahin musste sie ihre aufkommende Panik überbrücken, die Kontrolle behalten und eine persönliche Beziehung zu Heinzemeier aufbauen, so sehr ihr Letzteres auch widerstrebte. Aber sie hatte einmal gelesen, dass es Entführern dann schwerer fiel, ihr Opfer zu töten. Allerdings vielleicht nur psychisch gesunden Entführern und nicht solchen, die Rassekater entwendeten, um diese dann bei sich im Keller zu mästen. In einem klinisch sauberen, weiß getünchten und von Neonröhren hell erleuchteten Keller, der irgendwie aussah wie ein Labor oder ein Behandlungszimmer.

»Nennen Sie mich Rosa, das ist einfacher. Und Ihr Name ist Jochen, nicht wahr? Oder soll ich Sie lieber mit Dr. Heinzemeier anreden?«

»Wie Sie möchten. Aber den Doktor lassen Sie weg.«

»Warum halten Sie mich hier fest, Jochen? Sie sind kein schlechter Mensch. Sie haben gut für Maurice gesorgt. Ist Whissie auch bei Ihnen?«

»Sie meinen den Qualzucht-Kater mit den missgebildeten Ohren? Ja, der befindet sich nebenan im OP.«

»Im OP!?«, echote Rosa entsetzt. »Sie führen in Ihrem Keller Operationen durch?«

»Richtig. Kastrationen. Das heißt, ich entferne chirurgisch die Keimdrüsen. Bei Katzen sind das die Eierstöcke, bei Katern die Hoden.«

Rosa schluckte. Das klang so, als würde Heinzemeier das andalusische Kastrationsprojekt in Deutschland heimlich, still und leise privat fortführen. Der Mann war noch irrer, als sie gedacht hatte. Aber offenbar verspürte er das Bedürfnis, über seine Mission zu reden. Das wiederum würde ihr kostbare Zeit verschaffen. Krampfhaft überlegte sie, wie sie ihn in ein Gespräch verwickeln konnte. Sie durfte ihn auf keinen Fall provozieren, sondern musste Interesse und Verständnis heucheln.

»Kastrationen also. Wie in Spanien. Frau Burger hat mir erzählt, dass Sie dort während Ihres Studiums mit ihr zusammengearbeitet haben.«

»Ja, das stimmt. Die Kastration ist ein kleiner Routineeingriff mit großer Wirkung, der die Lebensqualität von Katern und Katzen in keiner Weise beeinträchtigt. Die Tiere wissen nicht, was sich verändert hat. Da keine Geschlechtshormone mehr produziert werden, erlischt auch der Fortpflanzungstrieb. So einfach ist das.«

»Und wie läuft der Eingriff bei einem Kater ab?« Rosa hoffte, dass Heinzemeier sich zum Weiterreden verleiten ließ – und er tat ihr den Gefallen.

»Erst einmal ist die Narkosetauglichkeit sicherzustellen. Der Kater muss nüchtern sein, damit er sich infolge der Narkose nicht erbricht. Das Erbrechen kann zum Erstickungstod bei einem narkotisierten Tier führen. Dann wird Augensalbe gegen das Austrocknen der Augen aufgetragen und eine Injektion verabreicht, um den Kater in eine kurze Vollnarkose zu versetzen. Zusätzlich spritze ich immer noch ein Antibiotikum und ein lang anhaltend wirksames Schmerzmittel und betäube die Hoden lokal. Die Operation selbst dauert keine halbe Stunde. Erst werden die Haare rund um die Hoden wegrasiert und der Bereich desinfiziert. Die Hodensäcke werden angehoben, geöffnet und freigelegt, danach die Samenstränge abgebunden, die Hoden abgetrennt und die Samenstränge wieder in die Hodensäcke zurückgelegt. Abschließend werden die aneinandergelagerten Wundränder einfach nur verklebt. Kater kompensieren das alles sehr schnell. Nach der Narkose sind sie noch ein paar Stunden etwas benommen, aber spätestens nach einem Tag verhalten sie sich schon wieder ganz normal.«

Rosa deutete auf Maurice, der sich rücklings auf Heinzemeiers Schoß rekelte, den Bauch kraulen ließ und dabei alle Viere von sich streckte. »Diesen Eingriff … den haben Sie bei ihm durchgeführt?«

Heinzemeier grinste. »Ja, wie Sie unschwer erkennen können. Er präsentiert Ihnen gerade die entsprechende Region. Schauen Sie mal genau hin. Sehen Sie dort noch Glöckchen?«

Rosa sah nichts dergleichen und schüttelte den Kopf. Gruselig, wie er plötzlich von *Glöckchen* sprach. Und dazu noch sein fröhliches Grinsen. Dr. Jekyll und Mr. Hyde ließen grüßen.

»Das liegt daran, dass die sich innerhalb kürzester Zeit vollständig zurückbilden.«

Auch auf die Gefahr hin, dass sie sich damit auf gefährliches Terrain begab, musste Rosa nun doch die Frage nach dem Warum stellen. »Aber ich verstehe nicht, warum Sie das tun. Diese Kater haben ein liebevolles Zuhause, sie streunen doch nicht frei herum.«

»Nun, es gibt nur einen konsequenten Weg, Katzenelend zu verhindern: die Kastration. Aber während wir versuchen, so viele Katzen wie möglich zu kastrieren, vermehren die Züchter sie munter weiter. Und mal abgesehen von der Vermehrung: Was meinen Sie, wie groß die Gefahr für einen potenten Kater ist, an Katzenaids zu erkranken? Sehr groß! Und dann steckt er natürlich auch alle seine Geschlechtspartnerinnen an. Gewissenlosen Menschen wie Thilo Nowak, Monika Müller und Alexandra Shevchenko ist das egal. Denen geht es nicht um das Wohl der Tiere. Sie degradieren die Kater zu Deckmaschinen, berauben sie ihrer Würde und halten sie isoliert ohne Gesellschaft von Artgenossen und Menschen. Deswegen gilt es, ein Exempel zu statuieren.«

»Gehörten die Drohbriefe an den Veranstalter der Katzenausstellung auch zu Ihrem Exempel?«

»Indirekt. Meine Frau hatte die Aktion mit der Sprühfarbe geplant. Anfangs war ich dagegen, Constanze ließ sich aber nicht davon abbringen. Deshalb wollte ich verhindern, dass die Ausstellung stattfindet. Inzwischen bin ich froh, dass meine Briefe ihre Wirkung verfehlt haben, denn dieses unwürdige Spektakel hat mir erst die Augen geöffnet und den Weg gewiesen zu …«

Das Geräusch klappernder Absätze auf der Kellertreppe riss ihn aus seiner Erklärung. Er setzte den schnurrenden Maurice behutsam auf dem blitzblanken PVC-Boden ab.

»Meine Frau ist zurück. Morgen früh findet die letzte OP statt. Dafür muss ich noch ein paar Vorbereitungen treffen. Ich werde Sie nun einschließen. Die Tür an der Wand gegenüber lasse ich offen. Dahinter befindet sich ein kleiner Raum mit Toilette und Waschbecken. Ich bringe Ihnen später noch etwas zu essen und zu trinken. Und einen Schlafsack.«

Rosa wollte auf keinen Fall eingesperrt werden. Darum legte sie ein überzeugendes Maß Verzweiflung in ihre Stimme. »Nein, ich flehe Sie an, lassen Sie mich nicht allein hier unten! Das halte ich nicht aus, ich werde eine Panikattacke bekommen!«

Heinzemeier lächelte milde. »Aber nein, seien Sie diesbezüglich unbesorgt. Maurice ist doch bei Ihnen. Hören Sie, wie er schnurrt? Die bloße Anwesenheit von Katzen wirkt beruhigend auf Menschen. Das ist wissenschaftlich erwiesen.«

18
Polente

Mit der Zusicherung, sie auf dem Laufenden zu halten, beendete Sebi das Telefonat mit Frau Burger. Allmählich verlor er den Überblick, wie vielen Leuten er das so oder ähnlich in letzter Zeit schon versprochen hatte. Frau Janssen, Bernd, Thilo, Monika … und jetzt auch noch die Burger. Egal, die konnten alle warten. Er hatte Wichtigeres zu tun, als sie in Echtzeit mit Neuigkeiten zu versorgen. Nach dem Telefongespräch war er in höchstem Maße beunruhigt. Gleichzeitig ärgerte er sich über Rosa. War sie tatsächlich so leichtsinnig gewesen, ohne Rücksprache im Alleingang einen Tatverdächtigen aufzuspüren? Vielleicht stellte sich alles als ganz harmlos heraus. Gut möglich, dass sie einfach nur das Handy ausgestellt hatte und dann nach der unbequemen Übernachtung in seinem Kinderzimmer früh eingeschlafen war. Falls sie sich aber doch auf den Weg nach Hintersudberg gemacht hatte, gab es natürlich auch vergleichsweise harmlose Szenarien. Sie konnte in der Einöde eine Autopanne gehabt haben.

Es war allerdings mehr als unwahrscheinlich, dass zufällig gleichzeitig das Handy versagte. Zum gefühlt hundertsten Mal checkte er ihren Status bei WhatsApp und Facebook.

Keine Onlineaktivität. Auch telefonisch konnte er sie nach wie vor nicht erreichen.

Sebi fluchte laut. Das änderte zwar nichts an der Situation, brachte aber kurzfristig ein wenig Erleichterung – und die Erkenntnis, dass es sinnlos war, sich weiter aufzuregen. Er musste sich Gewissheit verschaffen. Sein Instinkt sagte ihm, dass sie in Schwierigkeiten steckte. Vielleicht sogar in ernsthaften Schwierigkeiten, die besondere Maßnahmen erforderten. Kurz erwog Sebi, auf Verdacht eine Polizeistreife zur Hintersudberger Straße zu schicken. Aber die Wache in Cronenberg hatte als kleine Bezirksdienststelle eingeschränkte Öffnungszeiten, abends und nachts war sie nicht besetzt. Bis ein Fahrzeug von irgendwo im Tal einträfe, könnte er auch selbst vor Ort sein.

Er schaute an sich herunter. Die Kombination aus fliederfarbenem Hemd und Jogginghose war untauglich, er musste etwas Seriöses anziehen. Am besten etwas mit offiziellem Touch. Nach kurzem Überlegen fiel seine Wahl auf den Einsatzanzug, der im Spind seines Büros hing. Eigentlich durfte sich keine Polizeikleidung mehr in seinem Besitz befinden. Den Zweiteiler hatte er sich jedoch damals im aktiven Dienst auf eigene Kosten angeschafft, um die karge Grundausstattung aufzustocken, und nach seinem Ausscheiden behalten. Es war eine kleine Modifizierung des Polizei-Schriftzugs auf der Jacke erforderlich gewesen, um sich nicht strafbar zu machen, falls er sie trug. Der Austausch von vier Buchstaben verwandelte sie in eine karnevalstaugliche Kostümierung, denn statt POLIZEI stand nun POLENTE auf dem Rücken. Doch bei flüchtigem Hinschauen wirkte alles echt – jedenfalls von vorne. Die passende Kopfbedeckung, eine graue Schirmmütze besaß er auch, natürlich ohne Polizeisternprägung. Und in der Schreibtischschublade lag neben dem Detektivausweis, der seinem früheren Dienstausweis ähnelte, eine Waffenattrappe, dermaßen schlecht gemacht, dass noch nicht mal ein Blinder darauf hereinfallen würde. Es sei denn, er würde sie diesem von hinten in den Rücken halten. Das könnte täuschend echt wirken, aber eine Banane hätte wohl denselben Effekt.

Sei's drum, wie so oft im Leben zählte auch hier im Zweifel der erste Eindruck. Hauptsache, er sah von Weitem aus wie eine Respektsperson. Zu allem entschlossen verließ Sebi die Wohnung. Wieder einmal erwies sich die kurze Distanz zwischen Privat- und Arbeitsräumen als vorteilhaft. Er zog sich den Zweiteiler schnell über Hemd und Jogginghose. Nachdem er seine Night Core Mini-Taschenlampe und die Schusswaffenattrappe nicht ganz stilecht in der Hosentasche verstaut hatte, rückte er die Mütze noch einmal zurecht und wollte gerade los, als es klingelte. Für den Bruchteil einer Sekunde erstarrte er, dann rannte er zur Tür. Das konnte nur Rosa sein! Doch kaum hatte er die Tür mit Schwung aufgerissen, musste er seinen Irrtum mit Schrecken erkennen. Vor ihm stand Alexandra, in einem albtraumhaften Seidenkaftan, dessen leuchtende Farbe ihn an einen auf Hochglanz polierten Granny Smith erinnerte.

»Alexandra!« Mehr brachte er nicht heraus. Das durfte doch wohl nicht wahr sein! Ausgerechnet jetzt. Er musste sie sofort loswerden.

»Sebi, was für ein Glück, dass du so spät noch im Büro bist! Ich komme gerade aus Schwelm und du glaubst nicht, was passiert ist ...«

»Entschuldige, Alexandra, ich bin quasi schon weg. Hab es wirklich sehr eilig.«

Alexandra plapperte nahtlos weiter. »Ich habe eben eine Züchterfreundin besucht und während wir zusammensaßen ...«

»Rosa! Ist! Verschwunden!« Sebi schrie jedes der drei Worte heraus, damit Alexandra mit dem Geschwätz aufhörte. Danach informierte er sie so knapp wie irgend möglich über sein Vorhaben, damit sie sich endlich verzog. Den Gefallen tat sie ihm aber nicht.

Im Gegenteil. Sie sagte mit hysterisch-aggressivem Unterton in der Stimme: »O nein, ich komme mit. Das ist mein gutes Recht! Es geht hier schließlich nicht nur um Rosa, sondern auch um Whissie.«

»Alexandra, ich muss jetzt los, und zwar ohne dich. Ich kann dich bei diesem Einsatz nicht gebrauchen. Geh zur Seite und lass mich raus!«

Doch Alexandra wich nicht von der Stelle. Ihr grimmiges Gesicht ließ keinen Zweifel daran, dass sie anderer Meinung war. »Entweder du nimmst mich mit oder ich fahre dir chintercher. Ya khochu Whissie ...«

Sebi erwog kurz, die Züchterin k. o. zu schlagen, kam jedoch zu dem Ergebnis, es lieber nicht zu versuchen. Sie war in ihre Muttersprache verfallen, ein Zeichen dafür, dass sie sich in einem hochgradig gemütserregten Zustand befand. Also hatte er mit heftigster Gegenwehr zu rechnen. Wahrscheinlich würde er bei einem Gerangel den Kürzeren ziehen und selbst zu Boden gehen. Um nicht noch mehr Zeit zu verlieren, musste er sie notgedrungen mitnehmen. Aber nicht im Glitzer-Kaftan.

»Meinetwegen. Du musst dich aber umziehen. Wie du siehst, trage ich Uniform. Für dich habe ich auch noch eine.« Zu seiner Überraschung willigte Alexandra nicht nur sofort ein, sondern war Feuer und Flamme, in eine schmucke Polizeiuniform zu schlüpfen. Doch als Sebi ihr dann seine uralte Wachtmeister-Kombi aus lehmbrauner Hose, bambusgelbem Hemd und tannengrünem Jackett reichte, schwand ihre Begeisterung.

»Willst du mich für dumm verkaufen? So was trägt doch kein Mensch mehr!«

»In Nordrhein-Westfalen nicht«, bestätigte Sebi. »Hier tragen wir schon lange dunkelblaue Uniformen. Aber bei der bayrischen Polizei gibt es vereinzelt noch grüne.«

Sie schnüffelte am Stoff. »Nein, die ziehe ich nicht an. Die stinkt!«

Da musste er ihr leider recht geben. Die ausgediente Montur hatte er 2009 aus nostalgischen Gründen eingemottet und seither nicht mehr hervorgeholt. Dementsprechend muffig roch sie jetzt.

Er ging nicht drauf ein, sondern sagte im Befehlston: »Alexandra, mach voran!«, woraufhin sie endlich ihren Widerstand aufgab. Fünf Minuten später konnte sie beinahe als Polizistin aus dem Freistaat durchgehen. Die Jacke saß bei ihr in Brusthöhe allerdings zu stramm, und die Hose hatte sie nach eigenem Bekunden kaum über die Hüften bekommen. »Ich sehe aus wie eine Jägermeisterin«, beschwerte sie sich.

Sebi verzichtete auf die Richtigstellung, dass es sich bei Jägermeister nicht um eine Berufsbezeichnung, sondern um einen Kräuterlikör handelte, und trieb sie zur Eile an. Kurz darauf zwängte sich die Jägermeisterin auf den Beifahrersitz seines Wagens, den Rosa immer weit vorne positionierte. Sebi fuhr forsch, um die verlorene Zeit aufzuholen, während Alexandra hektisch am Hebel unter dem Sitz herumruckelte. Nachdem sie etwas mehr Beinfreiheit gewonnen hatte, klärte sie ihn über den Grund ihres Überraschungsbesuchs auf.

Ein durchaus triftiger Grund, wie Sebi zugeben musste, denn sie war Zeugin des Beinahe-Diebstahls von Cherusker, dem Norwegischen Waldkater ihrer Züchterfreundin Cosima, geworden. Die Täterin hatte im Vorfeld offenbar nicht so gründlich recherchiert wie bei den anderen. Sonst hätte sie gewusst, dass Cosima einen Kaukasischen Owtscharka namens Igor besaß. Dieser Hütehund größeren Kalibers betrachtete das Grundstück als sein Eigentum und die Katzen als seine Schutzbefohlenen. Seine Aufgabe als Beschützer von Haus, Hof und Herde nahm er sehr ernst, sodass Alexandra und Cosima beim gemeinsamen Teetrinken durch ein wütendes Bellen aufgeschreckt wurden. Als sie nachschauten, was los war, erkannte Alexandra die Perückenfrau wieder, die unverrichteter Dinge mit ihrer Transportbox zu einem Ford Fiesta rannte. Alexandra nahm in ihrem Wagen die Verfolgung auf, verlor den Fiesta auf der A46 aus den Augen und fuhr in Elberfeld ab, um Sebi unverzüglich in Kenntnis zu setzen.

Den interessierte das alles aber im Moment nur halb, obwohl der versuchte Diebstahl im Zusammenhang mit dem Fall von Bedeutung war. Rosa ging vor. Er ignorierte beim Abbiegen nach Küllenhahn die gelbrote Ampel und hielt kurz darauf vor dem Haus, in dem Rosa wohnte. Ihr Twingo stand nicht dort, wo sie sonst normalerweise parkte. Nach mehrmaligem Klingeln machte er von seinem Zweitschlüssel Gebrauch, überzeugte sich davon, dass sie tatsächlich nicht zu Hause war, und hetzte wieder zum Auto. Alexandra hatte seine Abwesenheit genutzt, um Mamutschka anzurufen. Zehn quälende Minuten lang musste Sebi mitanhören, wie sie ihrer Mutter in einer zweisprachigen Langversion sinngemäß dasselbe erzählte wie ihm. Bei dem nervtötenden Kauderwelsch aus Ukrainisch und Deutsch konnte er keinen klaren Gedanken fassen, geschweige denn einen Plan zur weiteren Vorgehensweise schmieden. Er atmete auf, als das Gespräch endete, aber Alexandra hatte indes nichts Besseres zu tun, als nun auch noch Monika detailreich in Kenntnis zu setzen. Sebi unterdrückte durch einen kräftigen Tritt aufs Gaspedal das dringende Bedürfnis, kurz rechts ranzufahren, den Sicherheitsgurt seiner Beifahrerin mit einem gezielten Fingerdruck zu entriegeln und sie mit vorgehaltener Schusswaffenattrappe zum Aussteigen zu bewegen. Der stationäre Blitzer in Sudberg, dem er sich in rasender Geschwindigkeit näherte, fiel ihm dabei zu spät ein. Er bremste abrupt, woraufhin Alexandra das Handy entglitt. Während sie sich vergeblich mühte, es unter ihrem Sitz zu bergen, nahm Sebi aus den Augenwinkeln einen roten Blitz wahr. Ein Blick auf den Tacho bestätigte seine Befürchtung. Das könnte teuer werden. Obendrein würde es ihm vermutlich noch Punkte einbringen – und als sichere Zugabe ein Beweisfoto von zwei Uniformierten, das er sich einrahmen lassen konnte.

Maurice lag zusammengerollt auf Rosas Oberschenkeln. Sie lauschte angestrengt den Stimmen von Heinzemeier und seiner Frau, die nebenan offenbar eine hitzige Debatte führten. Durch die dicken Kellerwände drang der Schall leider sehr gedämpft, sodass sie nicht viel verstehen konnte, zumal der Kater so laut knatternd schnurrte, als hätte der irre Doktor ihm einen Dieselmotor eingebaut. Irgendetwas musste passiert sein, über das die beiden nun stritten. Vielleicht ging es bei dem Streit um sie? Sollte das der Fall sein, hoffte sie, dass Heinzemeier sich gegen seine Frau durchsetzen konnte. Aber warum eigentlich? Litt sie etwa bereits nach einer Stunde im Keller am Stockholmsyndrom, dem bekannten psychologischen Phänomen, das Geiseln dazu brachte, mit den Tätern zu kooperieren? Sie hatte versucht, ein positives emotionales Verhältnis zu ihm aufzubauen. In gewisser Weise brachte sie sogar Verständnis für seine Sache auf. Zumindest konnte sie sich annähernd vorstellen, was in seinem Kopf vor sich ging. Und obwohl er zweifelsohne einem abstrusen Wahn verfallen war, rechnete sie nicht mehr damit, dass er ihr etwas antun würde. Er hatte sie nur eingesperrt, um ein Scheitern seines Zwangskastrations-Projekts zu verhindern. Die große Unbekannte in ihrer Rechnung war Constanze, deren akuten Grad der Verrücktheit sie überhaupt nicht einschätzen konnte.

Maurices Schnurren wirkte seltsamerweise nicht beruhigend auf sie, sondern machte sie aggressiv. Sie verscheuchte den Kater von ihrem Schoß und suchte noch einmal die Toilette auf, die sie eben schon untersucht hatte. Doch auch bei der zweiten Besichtigung waren das Kellerfenster und der Lichtschacht noch unverändert winzig. Beim Versuch, sich durchzuquetschen, würde sie stecken bleiben. Außerdem war der Schacht mit einem stabilen Gitterrost abgedeckt. Damit schied beides als möglicher Fluchtweg aus. Und Hilfeschreie würden in dieser gottverlassenen Gegend nichts nützen.

Inzwischen war es dunkel geworden. Sie trug keine Armbanduhr und ihr Handy hatte Heinzemeier mitgenommen. Wie spät mochte es inzwischen sein? Ihr fehlte jegliches Zeitgefühl, nach Sonnenuntergang jedenfalls. Da sie aber nicht wusste, wann der war, nützte ihr das auch nicht viel. Frustriert schaltete sie die Neonröhre aus und wollte die Toilette wieder verlassen, als sie durch den Schacht einen schwachen flackernden Lichtschein wahrnahm. Das musste eine Taschenlampe sein. Fast gleichzeitig hörte sie Schritte und leise Stimmen.

Rosa machte auf dem Absatz kehrt, warf sich gegen das gekippte Kellerfenster und rief hinaus: »Hallo, ist da jemand? Hilfe! Hilfe!!«

Der Schein der Taschenlampe kam näher, bis jemand sie direkt über dem Stahlgitter in den Lichtschacht hielt und hineinleuchtete. »Rosa? Bist du das?«

Es war Sebi! Rosa schossen Tränen der Erleichterung in die Augen. Wie angespannt sie gewesen war, merkte sie erst jetzt. »Oh Sebi, du bist das! Ich habe gehofft, dass du mich hier rausholst.« Ihre Stimme versagte.

Sebi veränderte den Winkel der Taschenlampe, sodass sie nicht mehr geblendet wurde und nun sein Gesicht direkt über dem Gitter erkennen konnte. Er hatte sich hingekniet. Dem Beinpaar nach zu schließen, das neben ihm aufragte, war er aber nicht allein gekommen.

»Rosa? Gott sei Dank! Ist alles in Ordnung mit dir?«

»Ja, mir geht es soweit gut. Nur meine Nerven liegen blank. Ich wusste nicht, wie lange es dauert, bis du eins und eins zusammenzählst.«

»Du hast Glück gehabt. In Mathe war ich immer Klassenbester.«

Sebis Versuch zu scherzen, rührte sie. Sie hätte ihn gern umarmt, und da das nicht möglich war, wollte sie ihm stattdessen etwas Nettes sagen, als sich die zweite Person zu Wort meldete. Auch ohne mehr als deren Beine zu sehen, wusste Rosa sofort, um wen es sich handelte.

»Was ist mit Whissie?«

»Die Kater sind hier. Maurice geht es gut, und Whissie bestimmt auch.«

Rosa war dankbar, dass Sebi weitere Erkundigungen nach Whissie verhinderte, indem er ihr ein paar gezielte Fragen stellte. Nachdem er sich ein Bild von der Lage verschafft hatte, erklärte er: »Wir werden jetzt zur Haustür gehen. Bleib du am besten da, wo du bist, und warte. Wir sind gleich bei dir.«

Rosa tat, wie ihr geheißen. Sie vertraute darauf, dass Sebi die Situation im Griff hatte. Es war ihm gelungen, sie aufzuspüren. Nun würde er auch den Rest regeln. Nachdem sie die Neonröhre wieder eingeschaltet hatte, setzte sie sich auf den Toilettendeckel und wartete.

Sebi hatte Alexandra angewiesen, das Reden ihm zu überlassen. Eindringlich fügte er hinzu: »Geh einfach immer dicht hinter mir und halt die Klappe.«

Alexandra blieb tatsächlich folgsam einen Schritt zurück, woraufhin er sich im Eingangsbereich aufbaute und energisch auf die beleuchtete Klingel mit dem Namensschild Dr. J. Heinzemeier & C. Herbst-Heinzemeier drückte. Nichts geschah. Sebi inspizierte die Haustür. Sie war zwar aus Kunststoff, aber Sebi kannte diese Art von Türen. Sie waren mit einem Stahlkern ausgestattet und ließen sich darum nicht einfach eintreten. Notfalls würde er sich durch ein Fenster Zutritt verschaffen müssen. Doch noch während er überlegte, welche Scheibe er zu diesem Zweck zerschlagen sollte, wurde die Tür ein Stück geöffnet. Blitzschnell hatte Sebi seinen Fuß in den Spalt gestellt und den Ausweis gezückt. Er blickte in schreckgeweitete Pupillen.

»Frau Herbst-Heinzemeier?«

Ohne auf eine Reaktion zu warten, nutzte Sebi das Überraschungsmoment und überrumpelte die Dame des Hauses mit einer Belehrung, die keinen Widerspruch zuließ.

»Es besteht berechtigter Grund zu der Annahme, dass sich in Ihrem Keller eine Person befindet, die dort widerrechtlich festgehalten wird. Ich setze Sie hiermit darüber in Kenntnis, dass eine sofortige Hausdurchsuchung zur Gefahrenabwehr unumgänglich notwendig ist. Sie haben das Recht, bei der Durchsuchung anwesend zu sein.«

Mit diesen Worten schob er sich an ihr vorbei und bedeutete Alexandra mitzukommen. Frau Herbst-Heinzemeier rührte sich nicht, blieb am selben Fleck und wirkte wie in Trance. Erst als er sie laut aufforderte, ihnen zu folgen, erwachte sie aus ihrer Erstarrung, zog die Tür zu und setzte sich so gemächlich in Bewegung, dass Sebi die Geduld verlor. »Geht es auch ein kleines bisschen schneller? Frau Herbst-Heinzemeier, wo befindet sich Ihr Mann?«

Mit gepresster Stimme antwortete sie: »Im Keller. Wir brauchen vielleicht einen Krankenwagen.«

19
Diagnosen

Sebi stürmte zur Kellertreppe und hätte diese beinahe im freien Fall genommen. Die Landung wäre jedoch einigermaßen weich gewesen, denn am Fuße der Treppe lag bereits jemand, der offenbar weniger Glück gehabt hatte als er. Heinzemeier krümmte sich, als er zu ihm aufblickte, und wimmerte: »Mein rechter Fuß. Ich glaube, er ist gebrochen.«

Das schmerzverzerrte Gesicht und die weinerliche Stimme ignorierend blaffte Sebi: »Was glauben Sie, wie egal mir das ist! Wo finde ich Rosa? Sagen Sie es mir, sonst stelle ich mich mit meinen hundert Kilo auf Ihren Fuß.«

Gleichzeitig kündete ein unverständlicher Wortschwall hinter seinem Rücken davon, dass Alexandra nicht länger an sich halten konnte. Sebis Vermutung, dass sie eine Schimpfkanonade auf den Verletzten losgelassen hatte, bestätigte seine liebreizende ukrainische Assistentin, indem sie die deutsche Übersetzung gleich mitlieferte. »Das heißt, wie viele Sterne am Himmel, so viele Krankheiten für dich! Wo ist Whissie?«

Unverzüglich lieferte Heinzemeier die gewünschten Informationen nebst dem Schlüssel, um Rosas Kerker zu öffnen. Alexandra spurtete zu der Tür, die laut Heinzemeier nicht abgeschlossen war und zu Whissie führte. Kurz darauf waren gutturale Jauchzer und Freudenschreie zu vernehmen.

Nebenan hatte Sebi zunächst noch keinen Grund zum Jubeln, denn das einzige Wesen, das er sah, war Maurice. Ohne jeden Argwohn strebte dieser mit erhobenem Schwanz auf ihn zu und begann, sich an seinen Beinen zu reiben. Doch auf die Bedürfnisse des Katers konnte er keine Rücksicht nehmen. Er schubste ihn jäh weg, als er die schmale Tür in der gegenüberliegenden Trennwand entdeckte.

»Rosa?«

»Ich bin hier, Sebi!«

Als er die Tür öffnete, bot sich ihm das Bild einer auf dem Toilettendeckel zusammengekauerten Rosa. Im plötzlichen Überschwang seiner Glücksgefühle hob er sie hoch und schloss seine Arme fest um sie. Das Knacken, mit dem sich seine eingerosteten Bandscheiben für die ruckartige Belastung bedankten, nahm er in diesem Moment kaum wahr. Erst als er Rosa wieder auf die Füße stellte, schoss ein jäher Schmerz durch seinen unteren Rücken. Nur mit Mühe schaffte er es, sich wieder aufzurichten. Rosa sah ihn besorgt an. »Du verrückter Mann, ich bin doch viel zu schwer. Jetzt hast du dir einen Bruch gehoben!«

»Nein, nein, das ist nicht der Rede wert«, wiegelte Sebi ab. »Nur ein kleiner Hexenschuss. Ich bin nichts mehr gewohnt. Aber Schatz, warum hast du hier hinten auf dem Klo gesessen?«

»D-du hast gesagt, b-bleib da, wo du bist, und w-warte auf mich. D-darum.«

»Gehts dir wirklich gut?«, vergewisserte sich Sebi. Es war sehr untypisch für Rosa, dass sie tat, was er sagte. Außerdem zitterte sie plötzlich so stark, dass ihre Zähne klapperten. Im Polizeidienst hatte er das schon oft erlebt. Zähneklappern war eine automatische Schutzfunktion des Körpers bei Kälte, Angst und innerer Anspannung.

»Ja, mir gehts super, es war nur ein bisschen kühl hier unten. Heinzemeier wollte mir eigentlich eine Decke bringen. Aber die brauche ich jetzt nicht mehr.« Sie hatte sich wieder gefangen und realisierte erst jetzt seine Uniform. »Du darfst doch keine Polizeikluft mehr tragen. Sag jetzt bitte nicht, dass du auch eine Pistole dabeihast.«

Sebi präsentierte Rosa seine Rückseite. »Die Polente, dein Freund und Helfer. Da kann mir keiner was.« Er biss die Zähne zusammen, während er sich langsam wieder umdrehte. Jede Bewegung tat höllisch weh. »Und jetzt nicht erschrecken, die ist nicht echt.« Nach seiner Vorwarnung zog er die Schusswaffen-Imitation hervor. »Ich musste doch für alle Eventualitäten gerüstet sein.«

Rosa beäugte die Attrappe genaustens. »So etwas wird dein werter Freund Bernd Ammermann aber nicht gutheißen. Wo ist eigentlich Alexandra?«

»Sie zelebriert nebenan ausgiebig das Wiedersehen mit Whissie.«

»Hat der seine Glöckchen noch? Ach, das kannst du ja nicht wissen. Erzähle ich dir später. Was ist mit den Heinzemeiers? Hast du die mit deiner Spielzeugpistole unschädlich gemacht?«

Sebi musste grinsen, weil Rosa ihn so ansah, als erwartete sie ein Ja.

»Nein. Das war nicht notwendig, weil er das Unschädlichmachen netterweise selbst übernommen hat. Irgendwie hat er es geschafft, die Kellertreppe hinunterzustürzen und sich dabei den Fuß zu verknacksen. Die akute Fluchtgefahr würde ich als niedrig einschätzen. Auch bei seiner Frau. Die ist noch in Schockstarre.«

Mit lautem Maunzen brachte sich Maurice in Erinnerung. Nachdem Sebi ihn vorhin so unsanft beiseite geschubst hatte, konzentrierte der Kater sich nun allein auf Rosa. Er nahm sie mit seinen runden Kupferaugen ins Visier und miaute dabei so herzerweichend, dass sie ihm sofort die erhofften Streicheleinheiten gewährte.

»Rosa! Sebi! Wo seid ihr?«

Maurice ergriff die Flucht vor der dröhnenden Stimme in einen zur Katzenhöhle umfunktionierten Pappkarton. Eine Sekunde später tauchte Alexandra mit dem Faltohr-Schotten auf dem Arm auf, der genauso wohlgenährt wirkte wie Maurice. Nachdem Alexandra Rosas Wangen mehrfach geküsst und Rosa Alexandras Jägermeisterinnen-Uniform gebührend bewundert hatte, drängte Sebi zum Aufbruch. »Meine Damen, ich denke, der Fall ist glücklich gelöst. Wir müssen allerdings noch überlegen, was mit den Hausbewohnern geschehen soll.«

Es dauerte fast eine Stunde, bis sie zu einem Entschluss gelangten. Erst mussten sie Heinzemeier, der immer noch auf dem Boden lag und wie ein Kleinkind wimmerte, verarzten. Sebi machte nicht viel Federlesen. Er kniete sich hin, fluchend, weil der Rücken dabei wieder höllisch schmerzte. Dann warf er einen flüchtigen Blick auf den Fuß des Doktors, bevor er ihn am Knöchel fasste und auf ein paar Stellen drückte. »Halb so wild«, diagnostizierte er mit profundem Halbwissen. »Keine Deformation, kein unnatürlicher Winkel, es ragt kein Knochen durch die Haut. Der ist nur verstaucht oder verknackst oder verrenkt.« Er schaute sich nach Heinzemeiers Frau um, die mit leerem Blick oben stand, und rief ihr zu, sie solle Eis zum Kühlen bereitstellen.

»Wir schaffen Sie jetzt nach oben«, ließ er Heinzemeier wissen.

Das Unterfangen gestaltete sich jedoch schwierig. Durch den Hexenschuss war Sebi arg gehandicapt. Schließlich schleppten Rosa und Alexandra den jammernden Doktor mit vereinten Kräften hoch. Nachdem sie ihn auf dem Sofa im Wohnzimmer abgesetzt hatten, sagte er, der Grund für den Sturz sei eine plötzliche Gleichgewichtsstörung gewesen.

Alexandra entschwand wieder zu den Katern, denen sie bis zum Eintreffen von Monika und Thilo Gesellschaft im Keller leisten wollte. Die beiden hatten sie informiert, jetzt waren sie unterwegs, um Maurice abzuholen. Rosa beobachtete, wie Frau Herbst-Heinzemeier den rechten Fuß ihres Mannes hochlagerte und mit einer neuen Kühlkompresse versorgte. Dann brachte sie ihm einen Teller mit Apfelschnitzen und forderte ihn auf, etwas zu essen. So lustlos, wie er daran nagte, war es für Rosa offensichtlich, dass sie diejenige war, die bei den Heinzemeiers den Ton angab. Während er apathisch wirkte, hatte sie ihren Schock inzwischen überwunden und das Reden übernommen. Rosa wollte wissen, ob ihr Mann ernsthaft erkrankt war. »Er ist so abgemagert, das hat doch eine Ursache. Vielleicht braucht er einen Arzt?«

»Ach was, er leidet an Appetitlosigkeit«, spielte Frau Herbst-Heinzemeier den Gewichtsverlust ihres Mannes herunter. »Das ist nur die Ernährungsumstellung. Nach der Rohkost, von der wir beide uns lange ausschließlich ernährt haben, hat er vor drei Monaten beschlossen, Frutarier zu werden.«

»Was ist da der Unterschied?«, fragte Rosa nach.

»Er will weder Tieren noch Pflanzen Leid zufügen. Es gibt Pflanzen, die von selbst sterben, nachdem die Samen ausgereift sind. Die sind für Frutarier erlaubt. Also beschränkt er sich auf ausgewählte Obstsorten, Nüsse, Samen, dazu Gemüse- und Hülsenfrüchte wie Tomaten, Paprika, Zucchini, Erbsen und Bohnen. Er bevorzugt aber Fallobst, was jetzt im Frühjahr hierzulande natürlich Mangelware ist. Das wird sich ändern, wenn wir uns in Andalusien niederlassen. Wir haben vor, das Haus zu verkaufen, und in Spanien ein bescheidenes, naturnahes Leben zu führen.«

Fallobstler! Was es nicht alles gibt, dachte Rosa. Kein Wunder, dass der Mann halb verhungert die Treppe runterfiel. Wahrscheinlich total unterzuckert. Sebi verdrehte die Augen, und diesmal sah sie gnädig darüber hinweg, denn zugleich eröffnete er Frau Herbst-Heinzemeier knallhart: »Ihre Andalusien-Pläne werden Sie verschieben müssen. Ihnen ist doch klar, dass Sie auch ohne die Freiheitsberaubung mehrere Straftaten begangen haben? Es wird Anzeige gegen Sie erstattet werden. Natürlich steht es Ihnen frei, das Haus zu verkaufen. Könnte helfen, die Schadensersatzansprüche zu begleichen, die mit Sicherheit auf sie zukommen werden.«

Ohne daran zu denken, dass Sebi die Details des Falles noch gar nicht kannte, platzte Rosa mit der Frage heraus: »Warum sind Sie und ihr Mann nicht einfach bei der Kastration von wilden Katzen geblieben?«

»Wieso Kastration?«, wunderte sich Sebi prompt.

Bevor sie es ihm erklären konnte, setzte Frau Herbst-Heinzemeier zu einer glühenden Verteidigungsrede auf ihre von langer Hand geplante Aktion an, die sie als *zwingend notwendig* bezeichnete. Einsicht oder Reue zeigte sie nicht. Rosa konnte kaum glauben, mit welch absurden Argumenten sie das gemeinschaftliche Handeln rechtfertigen wollte. Sebi versuchte, wenigstens ansatzweise zu begreifen, was die Frau von sich gab und um welche Kastrationen es hier eigentlich ging.

»Sie wissen doch in Ihrem züchterfreundlichen Elfenbeinturm gar nicht, wie es da draußen aussieht«, echauffierte sich Frau Herbst-Heinzemeier. »Über zehn Millionen Halterkatzen gibt es in Deutschland und dazu rund zwei Millionen frei lebende, verwilderte Katzen, die sich unkontrolliert vermehren. Die Kastrationsaktionen sind ineffektiv, das kritisieren sogar diejenigen, die sie offiziell durchführen. Tierheime und Katzenschutzvereine beklagen die stetig wachsende Anzahl an Katzen, die sie aufnehmen müssen. Es gibt eine ganz massive Katzenproblematik auf der einen Seite – und auf der anderen Seite gibt es verantwortungslose Züchter, denen das alles egal ist. Und leichtfertige Kundschaft, die sich auch keine Gedanken über ihren Beitrag zum Katzenelend macht.«

Sebi fand, dass sie recht hatte, und hoffte, dass ihre Argumente zu Rosa durchdringen würden. Aber es hatte nicht den Anschein.

»Was Sie noch lange nicht berechtigt, irgendwelche Rassekater zu entführen und zu kastrieren …«, hielt Rosa dagegen.

»Nicht irgendwelche. Wir haben auf der Katzenausstellung gezielt Ausschau gehalten«, stellte Frau Herbst-Heinzemeier richtig.

»Maurice war nicht auf der Ausstellung!«, meldete sich Sebi klug zu Wort.

»Die Züchterin, bei der die Bestellung der Lebendware aufgegeben wurde, hat den zahlreichen Nachwuchs eines armen geknechteten Katers namens Maurice d'Artagnan in den höchsten Tönen gelobt, als wir zusammenstanden, und uns mit Informationen zum bevorstehenden Deckakt mit ihrer Katze versorgt. Wir mussten nur kurz googeln, da stießen wir auf die unsäglichen Anzeigen, die der Besitzer des Katers aufgegeben hat. Das wehrlose Tier wurde über Jahre als Deckmaschine missbraucht! Ebenso wie der andere Kater, der für die Vermehrung einer Qualzucht-Rasse sorgt, die gerade in Mode ist. Und dem dritten, den wir ausgesucht haben, hätten wir viele isolierte Jahre als Deckkater ersparen können. Er ist noch so jung und ahnt nicht, welche Leidenszeit ihm bevorsteht.«

Rosa konnte diese scheinheilige Verdrehung von Tatsachen nicht länger ertragen. »Verstehe. Sie wollten Züchter zu Sündenböcken abstempeln und *leichtfertiger Kundschaft* wie mir die Augen öffnen, dass der einfache Wunsch nach einer ganz bestimmten Katzenrasse schändlich ist. Seien Sie froh, dass die geschädigte Züchterin in Ihrem Keller wahrscheinlich noch nicht realisiert hat, welche Weichteile Whissie hier zwangsweise entfernt wurden!«

Sebi stöhnte auf. »Um Himmels willen, sie darf es unter keinen Umständen hier und heute erfahren, sonst eskaliert die Lage. Also bloß kein Wort darüber, auch nicht, wenn Maurice abgeholt wird. Und Sie ...« – er schaute das Ehepaar Heinzemeier eindringlich an – »wenn Sie bereit sind, sich morgen selbst zu stellen, könnten wir die Freiheitsberaubung vielleicht vergessen.«

Er wendete sich wieder Rosa zu. »Es sei denn, du siehst das anders?«

Rosa sah es ganz genauso. Es reichte, wenn sich die beiden für ihre vorsätzlichen Taten verantworten mussten. Großzügig sah sie darüber hinweg, dass sie gefangen genommen und in einen Keller gesperrt worden war.

Nachdem sie Sebi ihre Zustimmung signalisiert hatte, sagte er: »Gut, dann läuft das jetzt folgendermaßen: Sie beide haben bis morgen Mittag Zeit, das Polizeipräsidium an der Friedrich-Engels-Allee aufzusuchen und Ihre Aussage zu machen. Falls Sie es nicht tun, übernehme ich das für Sie, dann aber wird auch die Freiheitsberaubung aktenkundig. Habe ich mich deutlich ausgedrückt?«

Ein mattes Kopfnicken des Verletzten. Rosa wartete gespannt auf die Reaktion seiner Frau. Constanze Herbst-Heinzemeier brauchte ein paar Sekunden, bevor sie antwortete: »Wir fahren morgen früh zum Präsidium.« Sie presste die Lippen zusammen und rang sich noch ein »Danke» ab.

Der Doktor hob den Kopf und räusperte sich. Rosa bemerkte, dass er etwas besser aussah, nicht mehr ganz so leichenblass. Nach nochmaligem Räuspern setzte er an, etwas zu sagen, das sich direkt an sie richtete: »Frau Fink, meine Kurzschlusshandlung kann ich nicht mehr ungeschehen machen, aber ich bitte Sie um Verzeihung.« Er legte den Kopf wieder auf den Kissen ab und fügte mit geschlossenen Augen fast tonlos hinzu: »Ich bereue es sehr.«

Sebi führte einen Probierlöffel mit Soße an Rosas Mund und wartete gespannt. Er hatte versucht zu retten, was zu retten war. »Mmh, schön ausgeprägte Röstnote. Superlecker. Du kannst ganz beruhigt sein, den Gästen droht keine kulinarische Katastrophe«, lautete ihr Urteil. Das war noch mal gerade so eben gut gegangen. An das Fleisch, das immer noch auf seinem Herd vor sich hin schmorte, hatte er überhaupt nicht gedacht, als er am Morgen in Rosas Bett aufgewacht war, sondern stattdessen seelenruhig vor sich hin gedöst und den wohligen kleinen Schnarchlauten gelauscht, die Rosa von sich gab. Nachdem Thilo und Monika Maurice abgeholt hatten, war Alexandra mit Whissie an Bord in Rosas Auto nach Elberfeld gefahren, um dort in ihren Wagen umzusteigen, und Sebi hatte Rosa nach Hause gebracht. Ihrer Bitte, bei ihr zu bleiben, war er sehr gern nachgekommen. Zum Glück hatte er den Braten vor seinem überstürzten Aufbruch auf allerkleinste Stufe gestellt. Er war später trotzdem schon in seinem Hausflur zu riechen gewesen.

Während Rosa den Tisch im Esszimmer deckte, rief sie in die Küche hinein: »Ob Thilo und Maurice jetzt wohl wieder ein Herz und eine Seele sind?«

Sebi grinste, als er an die auf beiden Seiten getrübte Wiedersehensfreude dachte. Thilo hatte seinen Kater im ersten Moment aufgrund dessen Leibesfülle nicht erkannt, und zu allem Übel war er von Maurice, der jeden anderen anschnurrte, als Einziger ignoriert worden.

Rosa zwinkerte ihm fröhlich zu und erwartete auf ihre Frage offenbar keine Antwort. »Ist schon krank, dass der Heinzemeier selbst nur an Fallobst riecht, aber den Katern eine Mastkur mit Fleisch in Dosen verordnet«, rief sie ihm zu. Nachdem Sebi das Boeuf Bourguignon ein letztes Mal abgeschmeckt hatte, ging er zu ihr ins Esszimmer und sagte: »Karnickel wären da weniger problematisch. Gibt es rein pflanzliches Katzenfutter? Falls ja, wäre es wohl kaum artgerecht und damit nicht mit seinen Vorstellungen vereinbar.«

»Das ist wahr«, stimmte Rosa zu. »Aber ich bin offen gestanden auch nicht überzeugt, dass seine Fallobsternährung als artgerecht für Menschen durchgeht.«

Nach und nach fanden sich die Gäste ein, die Sebi eingeladen hatte, um mit Rosa und ihm die Aufklärung des Falls und vor allem den glücklichen Ausgang zu feiern. Zuerst erschien Bernd, der von Sebi bereits vormittags in Kenntnis gesetzt worden war. Sebi hatte ihm weder die Karnevalsuniformen noch die Waffenattrappe verschwiegen. Nach einem Besuch seiner alten Kontakte im Präsidium wusste Bernd nun zu berichten, dass die Heinzemeiers geständig waren und für alle Schäden aufkommen wollten. Als Nächstes kamen Monika und Thilo. Monika hatte angekündigt, eine Überraschung zum Dessert mitzubringen. Die Überraschung entpuppte sich als ein mit blauem Fondant überzogener runder Kuchen. Auf den Überzug hatte sie mit Lebensmittelfarben ein Katzengesicht gemalt und an den Seiten zwei Marzipanöhrchen mit Zuckerguss befestigt. Das rechte Ohr sah wie ein normales Katzenohr aus, das linke war einem von Whissies Faltohren nachempfunden.

Den Schock mit der Kastration hatte Thilo schon verdaut. Viel wichtiger war ihm, dass Maurice inzwischen nicht mehr fremdelte. Mit verschwörerischem Blick stieß er Monika an und fragte: »Willst du es Rosa sagen, oder soll ich?«

Sebi hatte keine Ahnung, um was es ging, Rosa aber offensichtlich auch nicht.

Monika war schließlich diejenige, die es übernahm, die frohe Kunde zu überbringen. »Ich war heute beim Arzt«, sagte sie, und der selige Glanz in ihren Augen ließ Sebi vermuten, dass sie schwanger war. Damit lag er tendenziell richtig, aber als Monika weitersprach, wurde schnell klar, dass nicht sie diejenige war, die Nachwuchs erwartete. »Ich war heute mit La Belle bei der Tast-Untersuchung. Es hat mit ihr und Maurice geklappt, sie ist trächtig. Wahrscheinlich ein kleiner Wurf, zwei oder drei Kitten, genau kann man es noch nicht sagen. Zwei Föten ließen sich aber schon zweifelsfrei ertasten. Mitte des Monats lasse ich noch einen Ultraschall machen.«

»Der letzte Nachwuchs von Maurice«, sagte Thilo, und Sebi ahnte, was nun kommen würde. Wie gern hätte er sich geirrt. Doch er sollte recht behalten, denn Monika vermeldete: »Und wie versprochen ziehen zwei Kitten bei dir ein, wenn du noch willst.«

Da Rosa sich wie ein kleines Kind freute, wollte Sebi ihr die Laune nicht verderben, indem er grimmig dreinschaute. Es würde heute Abend nur noch ein Thema geben, auch wenn die Gäste fort waren. Wieder kein gutes Timing für den Heiratsantrag. Sein Bemühen, trotzdem ein angemessen erfreutes Gesicht zu zeigen, wurde durch Monikas nächste Worte unterstützt.

»Und du zahlst natürlich nichts dafür. Das ist nur ein kleiner Ausgleich für eure große Hilfe.«

Sebi sah es schon kommen, dass gleich bei beiden Frauen Sturzbäche der Dankbarkeit und Rührung fließen würden. Er war dankbar, dass es klingelte, und sprang zur Tür. Nach Alexandras Eintreffen waren sie komplett. Sebi nahm die bereitgestellte Flasche aus dem mit Eis gefüllten Kübel und verteilte den Inhalt auf sechs Champagnerkelche. Anschließend bat er zu Tisch.

Alexandra setzte sich jedoch nicht, sondern klopfte an ihr Glas. »Ich möchte gern einen kurzen Toast aussprechen. Sebi und Rosa, danke für alles. Sebi, ich habe meine Meinung geändert und werde dich gern jederzeit weiterempfehlen. Rosa, du hast es mir sehr schonend beigebracht, dass Whissie für Zuchtzwecke nicht mehr geeignet ist. Ich selbst hatte es noch nicht mal bemerkt. Man guckt ja nicht ständig auf die … « Sie suchte nach einem unverfänglichen Wort.

»Glöckchen?«, half Rosa nach.

Alexandra lachte so dröhnend, dass ihre riesigen goldenen Ohrringe wackelten. »Glöckchen, das klingt gut. Aber von den Glöckchen abgesehen ist mein lieber Whissie unversehrt, ebenso wie Maurice. Und das ist doch das Allerwichtigste. Na sdorowja! Zum Wohl!«

20
Tigerchen

»Das ist doch unmöglich!« Ratlos betrachtete Monika zusammen mit Thilo die zwei winzigen Katzenbabys, die La Belle eben zur Welt gebracht hatte. Als Geburtsdaten hatte sie in ihrem Zuchttagebuch Dienstag, 26. Juni 2018, 16:45 Uhr eingetragen. Die stolze Mutter lag nun tiefenentspannt schnurrend in der Wurfkiste, nachdem sie ihre Neugeborenen trockengeleckt und gesäugt hatte. Ihr Vertrauen in Monika war so groß, dass diese ihr die Kleinen kurz entführen durfte, um sie zu wiegen und das Geschlecht zu bestimmen. Beide wirkten kerngesund und waren mit einem Gewicht von hundert und hundertzehn Gramm richtige Wonneproppen. Sie ging davon aus, dass ein Kätzchen weiblich und eins männlich war. Darauf deuteten die unterschiedlichen Formen der Geschlechtsöffnungen hin. Wenn sich in ein paar Tagen bei dem schwereren Kitten noch zwei kleine, leicht erhabene Pünktchen zeigen würden, würde es sich eindeutig um einen Kater handeln. Soweit war also alles in Ordnung mit dem Nachwuchs, doch im hellen Licht war eines unübersehbar: Sie hatten einen dunklen Aalstrich auf dem Rücken, dazu einen geringelten Schwanz und bei beiden zeigte sich im Fell ein Tabbymuster. Der Wildtyp Blacktabby höchstwahrscheinlich. Und das war ein Ding der Unmöglichkeit bei reinrassigen blauen Eltern mit Stammbäumen bis zu den Ururgroßeltern.

Thilo nahm vorsichtig erst das Katerchen und danach das Kätzchen in die Hand und unterzog sie noch einmal einer genauen Musterung. Er gelangte zum gleichen Ergebnis wie Monika. »Die sind grau-schwarz getigert, so viel steht fest. Ich kenne mich mit der Vererbungslehre nicht so gut aus wie du, aber könnte das ein höchst seltenes Phänomen sein?«

»Nein, denn die Farbe Blau ist eine Verdünnung von Schwarz. Und für die Tabby-Zeichnung ist ein spezielles Gen verantwortlich, das weder Maurice noch La Belle noch jemand ihrer Vorfahren trägt.«

Thilo war in den vergangenen Wochen ihr bester Freund geworden. Bald würden sie unter einem Dach wohnen. Er befand sich immer noch in einem finanziellen Engpass und ihm war gekündigt worden. Als ihre Schwester Jessica Monika dann eröffnet hatte, dass sie im Juli wegen eines neuen Jobs mit Nick nach Mainz ziehen würde, hatte sie ihr Thilo als Mieter auf Zeit vorgeschlagen. Wären sie noch so zerstritten gewesen wie vor vier Wochen, hätte sich Jessica darauf nicht eingelassen. Aber ihr Verhältnis zueinander hatte sich seither endlich wieder gebessert, weshalb Jessica bereit gewesen war, ihre Wohnung für zunächst ein Jahr an ihn unterzuvermieten.

»Bringen wir die Kleinen erst mal zu La Belle zurück, bevor sie unruhig wird«, schlug Thilo vor. »Irgendeine logische Erklärung wird es schon geben. Frag mal Alexandra, die ist doch schon so lange Züchterin. Vielleicht hat die eine Idee.«

Monika wusste, dass die einzige logische Erklärung so absurd war, dass ihr Verstand sich dagegen sträubte. Denn Maurice konnte nicht der Erzeuger dieser Kitten sein. Aber wer war es dann? Egal, sie würde jetzt erst einmal Rosa Bescheid geben, dass zwei putzmuntere kleine Tigerchen das

Licht der Welt erblickt hatten. Bis zum ersten Besuch würde sie sich aber noch mindestens anderthalb Wochen gedulden müssen. Nach der Geburt brauchte La Belle ein paar Tage absolute Ruhe für sich und ihre Babys.

Sebi beugte sich über die Wurfkiste, was La Belle nervös mit der Schwanzspitze zucken ließ. An ihren Zitzen hingen zwei Kätzchen in der Größe von Mäusen. »Sind die winzig!«, stellte er fest.

Vor ihm kniete Rosa über der Kiste. Sie befand sich im Zustand heftigster Verzückung und überlegte laut Namen für das weibliche Katzenbaby. Ihre Stimme klang unnatürlich hoch und ihm schwirrte schon der Kopf von all ihren Vorschlägen. Obwohl er zu jedem Namen Ja gesagt hatte, machte sie immer weiter.

»Was hältst du von Ruby?«, fragte sie, woraufhin er bekundete, dass ihm auch Ruby sehr gut gefiele. Rosa sagte mehrmals hintereinander mit wechselnder Betonung Ruby, und sein Eindruck, dass sie endlich mit ihrem eigenen Vorschlag zufrieden war, trog ihn nicht.

»Ja, das ist es. Du bist meine süße kleine Ruby«, säuselte Rosa. »Und wie soll dein süßer kleiner Bruder heißen, kleine Ruby?«

Erwartungsgemäß kam von Ruby keine Antwort, sodass Rosa nun die Frage an Sebi weitergab.

»Jetzt darfst du dich auch mal beteiligen. Fällt dir ein schöner Katername ein? Aber auch mit Anfangsbuchstaben R.«

»Warum denn unbedingt mit R?«

»Das ergibt zusammen eine Einheit.«

Sebi nahm die Begründung hin. Das war einfacher als den Sinn dahinter verstehen zu wollen.

»Rocky?«

»Das ist ein Hundename«, befand Rosa.

»Rambo?«

»Sebi.«

»Ringo?«

»Ich weiß nicht. Nein.«

Sebi war am Ende seiner Kreativität angekommen. Ihm fiel nur noch ein einziger Name ein. Und da er fast genauso klang wie Ruby, müsste er Rosa eigentlich gefallen.

»Rudi.«

Rosa gluckste. »Ist nicht dein Ernst, oder?«, woraufhin Sebi beleidigt tat. »Doch, ich finde Rudi sehr schön. Und ich finde, der kleine Brudi sieht aus wie ein Rudi.«

Jetzt mischte auch Monika sich ein. »Rudi finde ich lustig. Allerdings würden dann beide Katzen auf beide Namen reagieren.«

Triumphierend sagte Sebi: »Das ist doch ein Riesenvorteil. Egal, ob du Ruby oder Rudi rufst, sie fühlen sich beide angesprochen.«

»Okay, das hat was«, schloss Rosa das Namensthema ab. »Rudi kommt in die engere Wahl, aber ich lege mich noch nicht fest. Du, sag mal, wann wird das Fell blau?«

Monika seufzte. »Das wird nicht blau, das bleibt so schwarz-grau getigert Und auch die Augen werden nicht orange oder kupfer, sondern im Laufe des ersten Lebensjahres gelbgrün.«

»Ach.« Rosa schaute irritiert. »Kommt das häufiger vor? Lunas Kitten auf der Ausstellung waren doch alle blau.«

Diesmal wollte Monikas neuerliches Seufzen gar kein Ende mehr nehmen. »Nein, nicht häufiger. Es ist ausgeschlossen, dass der Nachwuchs blauer Elternkatzen eine Tigerzeichnung aufweist.«

Während Rosa diese Auskunft noch auf sich wirken ließ, hatte Sebi schon seine Schlüsse gezogen. »Da zur Elternschaft zwei gehören und kein Zweifel daran besteht, dass La Belle die Mutter ist, muss wohl Maurices Vaterschaft angezweifelt werden.«

»Ja, aber wer ist dann der Vater?«, wollte Rosa wissen.

Monika gab unumwunden zu, keine Ahnung zu haben. »So, Thilo müsste gleich hier sein«, wechselte sie das Thema. »Ich koche schon mal Kaffee und schneide eure Wattenwelle an. Noch mal vielen Dank für den tollen Kuchen.«

»Schieb das Blech vorher ein paar Minuten in den Ofen. Warm schmeckt er besser«, rief Sebi ihr hinterher.

Ein Blick zu Rosa verriet ihm, dass sie nicht zugehört hatte und mit ihren Gedanken woanders war. Sie dachte konzentriert nach, und Sebi war sich ziemlich sicher, dass ihr die Sache mit dem Vater der Kitten keine Ruhe ließ. Um sie nicht aus ihrer Versenkung herauszureißen, betrachtete er das friedliche Bild der Katzenmutter mit ihren Kindern.

»Sebi, ich habe des Rätsels Lösung«, kam plötzlich von Rosa. Sie lachte. »Otto heißt er! Ich verstehe nicht, warum ich hier die Einzige bin, für die das ein klarer Fall ist.«

»Wer zur Hölle ist Otto?«

»Als wir noch in Dangast waren, hat Monika doch zuerst in der Nachbarschaft nach Maurice gesucht. Eine Frau dachte, sie hätte ihn gefunden, aber als Monika ihn abholen wollte, war es ein anderer Kater. Und rate mal, wie der aussah.«

»Getigert, nehme ich an?«

»Ganz genau. Otto, der Streuner. Er muss nach dem Einbruch zu La Belle in den Garten getigert sein. Gelegenheit macht Liebe. Anscheinend hat sie ihm gewährt, was sie Maurice verweigert hat.«

Rosa musste sich insgeheim selbst loben. Ihre Warme Wattenmeer-Welle schmeckte mindestens so gut wie das Vorbild aus dem Dangaster Kurhaus. Und außerdem hatte sie allein durch Geisteskraft schon wieder einen Fall gelöst. Glasklar gelöst, dieser Meinung waren alle, die sich am Kuchen gütlich taten. Während die Männer den unglücklichen Maurice bedauerten, der die Vorarbeit für Otto geleistet hatte und dann nicht zum Zug gekommen war, machte sich Monika eher Gedanken darüber, ob Rosa die beiden Kitten trotzdem nehmen wollte. »Es sind nicht die reinrassigen blauen Britenbärchen, die du wolltest. Und Papiere kann ich für sie nicht ausstellen lassen«, gab sie zu bedenken.

»Tss, was meinst du denn, wie wenig mich das juckt? Natürlich nehme ich Ruby und Rudi. Wann dürfen sie denn bei mir einziehen?«

Monikas Gesicht hellte sich auf. »Ich bin froh, dass du es so locker siehst und nicht enttäuscht bist. Lass mich mal rechnen. Also die Entwöhnungsphase von der Muttermilch beginnt mit acht Wochen. Aber dann kommt noch eine ganz wichtige Phase der Sozialisierung und Sauberkeitserziehung. Ich denke, Ende September können sie in ihr neues Zuhause umziehen.«

Noch bevor sie es aussprechen konnte, meldete sich zu Rosas Erstaunen Sebi zu Wort. »So lange? Das werden harte Wochen für uns.«

»Habe ich mich gerade verhört oder hast du für *uns* gesagt?«

»Ich meinte Frieda«, behauptete Sebi. »Die hat mich über Pfingsten schon gelöchert wegen der Katzen und wann wir denn wieder Urlaub machen. Sie ist ganz heiß aufs Katzensitten.«

»Ach so«, sagte Rosa und fragte dann in die Runde: »Möchte jemand das letzte Stück Wattenmeer-Welle?«. Monika und Thilo verneinten, Sebi guckte unentschlossen. Schnell legte sie das Kuchenstück auf ihren Teller. »Was hältst du davon, wenn wir noch mal nach Dangast fahren, bevor die Katzen einziehen, Sebi?«

Sebis bedauernder Blick auf die Kuchengabel, die sie zum Mund führte, war genauso köstlich wie der Kuchen. Sie teilte das Stück und gab ihm die Hälfte ab. Ihre Großzügigkeit schien ihn wieder romantisch zu stimmen, denn er fragte: »Der letzte Single-Urlaub?«

»Kann schon sein», erwiderte Rosa. Es war immer besser, sich einige Optionen offenzuhalten.

Warme Wattenmeer-Welle

Rosas Rhabarberkuchen-Rezept für süßen Genuss nach Dangaster Art

Das Originalrezept des legendären Rhabarberkuchens ist ein sorgsam gehütetes Familiengeheimnis. Wenn Sie sich zu Hause ein Stück Rhabarberkuchen nach Dangaster Art gönnen möchten, backen Sie doch gern Rosas köstliche Eigenkreation. Aber natürlich geht nichts über das Original aus dem alten Kurhaus!

Zutaten für ein Blech Rhabarberkuchen

Für den Rührteig:

- 250 g Butter (weich)
- 200 g Zucker
- 20 g Honig
- 3 Eier
- 4 Eigelb
- 1 Prise Salz
- 1 Päckchen Bourbon-Vanillezucker
- 220 g Mehl
- 1 Päckchen Backpulver

Für den Belag:

- 1 kg Rhabarber (geschälte Stangen)
- 200 g Zucker
- 4 Eigelb

Zubereitung des Rhabarberkuchens

Weiche Butter, Zucker und Vanillezucker in einer großen Rührschüssel schaumig rühren. Nach und nach Eier, Eigelb sowie Honig zugeben und verrühren. Backpulver und Mehl gut vermischen. Die Mischung langsam unterheben und alles zu einem geschmeidigen Teig verarbeiten. Diesen auf einem gut gefetteten und mit Mehl bestäubten oder mit Backpapier ausgelegten Backblech gleichmäßig verteilen und möglichst glatt streichen. Mit den Rhabarberstangen belegen und im Backofen bei 180 Grad (Umluft) ca. 35–40 Minuten backen.

Kurz vor Ablauf der Backzeit die 4 Eiweiß steif schlagen. Beim Schlagen den Zucker ganz langsam einrieseln lassen, bis ein cremig fester Eischnee entstanden ist. Den Eischnee wellenförmig auf dem Kuchen verteilen und das Ganze weitere 5–10 Minuten backen. Dabei immer die Farbe des Eischnees kontrollieren. Der Kuchen ist fertig, wenn die Eischnee-Wellen eine leichte Färbung angenommen haben – idealerweise ein ganz helles Goldbraun.

Für einen Hauch von Dangaster Urlaubsflair wird der Kuchen ofenfrisch und noch lauwarm serviert.

Guten Appetit!

Danksagung

An erster Stelle möchte ich mich bei Eliane und dem Team von Piper Digital bedanken: Ihr habt Rosa und Sebi ein spannungsvoll humoriges Zuhause im Piper Verlag ermöglicht – und das war ein echter Glücksfall für die beiden, weil sie sich bei euch pudelwohl fühlen.

Mein Manuskript habt ihr in die Hände einer erfahrenen Lektorin gegeben: Vielen Dank, Christiane Geldmacher für die vielen wertvollen Anregungen, den Feinschliff und die Redaktion.

Dann möchte ich zwei Autorenkolleginnen danken, ohne die es dieses Buch vielleicht nicht geben würde. Ich hatte unter dem Pseudonym Viola Sanden meinen Roman *Playground Chess* bei Piper im Label Gefühlvoll veröffentlicht – und plötzlich war Rosa in meinem Kopf. Da sie sich partout nicht auf später vertrösten ließ, schrieb ich ein paar Zeilen auf und schickte sie an Kollegin Frieda Papp. Die antwortete: Das ist gut, schreib weiter, mach einen gemütlichen Humorkrimi daraus. Hätte ich auch gemacht, wenn mir nicht parallel die Idee für *Shine Bright* gekommen wäre. Was tun? Ich legte Rosas Fall erst einmal ad acta, er arbeitete aber weiter in mir und neun Monate später war er zum Exposé gediehen. Danke, liebe Frieda, für die Motivation!

Nun zu Kollegin Tiffany Crockham: Die Instagram-Sprachnachrichten, die wir ausgetauscht haben, als du deine *Patricia Peacock* geschrieben hast und ich meine *Rosa Fink*, lassen sich nicht mehr zählen. Wir hatten so viel zu lachen und der Gesprächsstoff ging uns dank unserer samtpfötigen

Musen nie aus. Du hast mich sehr inspiriert, danke für dein Probelesen, deine lustigen Ideen und deine Verkupplung von Thilo und Monika.

Mein Dank geht auch an Stefan, den ich mit Logikfragen belästigen durfte, damit alles in sich schlüssig und nachvollziehbar war, und an Kinderkrimi-Autorin Christine, die ebenfalls vorab gelesen, wichtige Anmerkungen zum Plot gemacht und mich super motiviert hat.

Vielen Dank nach Spanien an Birgitta Kuhlmey für ihre rasche Beantwortung meiner Recherchefragen zur Vererbungslehre.

Und dann wären da noch die samtpfötigen Musen! Meinen beiden Katerchen Sam und Snow kann ich gar nicht genug danken für die vielen Stunden, die sie schnurrend auf meinem Schreibtisch lagen. Sie haben mir aufmerksam beim Tippen zugesehen, und wenn sie der Meinung waren, ich bräuchte eine Pause oder sie Futter, sind sie über die Tastatur gelaufen. Half das nicht, haben sie sich mittendrauf gelegt. Sie waren ein unerschöpflicher Quell der Inspiration – ebenso wie früher Bonni und Wini, Kylie und Kensi und der liebe Macho, die alle schon über die Jahre in die ewigen Katzenjagdgründe vorausgegangen sind.

Zum Schluss

Liebe Leserin, lieber Leser,

danke für die Zeit, die Sie mit Rosa Finks erstem Fall *Für die Katz* verbracht haben. Die Städte, Orte, Straßen und einige Schauplätze dieses Falls sind real, die Handlung ist jedoch frei erfunden. Auch die Personen und Katzenzuchten sowie Personen- und Katzennamen entspringen meiner Fantasie. Sollte es Namensähnlichkeiten mit lebenden Personen oder existierenden Catteries geben, wären diese rein zufällig.

Ich hoffe, Sie hatten Spaß beim Lesen und freuen sich auf mehr. So viel sei schon verraten: Im zweiten Fall wird Rosas und Sebis Ausdauer am Wattenmeer in mehrfacher Hinsicht auf eine harte Probe gestellt. Einige alte Bekannte aus dem Katzenfall sind natürlich wieder dabei und auch der getigerte Nachwuchs sorgt für Wirbel.

Herzliche Grüße aus dem Tal der Wupper

Manuela Sanne